U0573278

思想會
MIND TALK

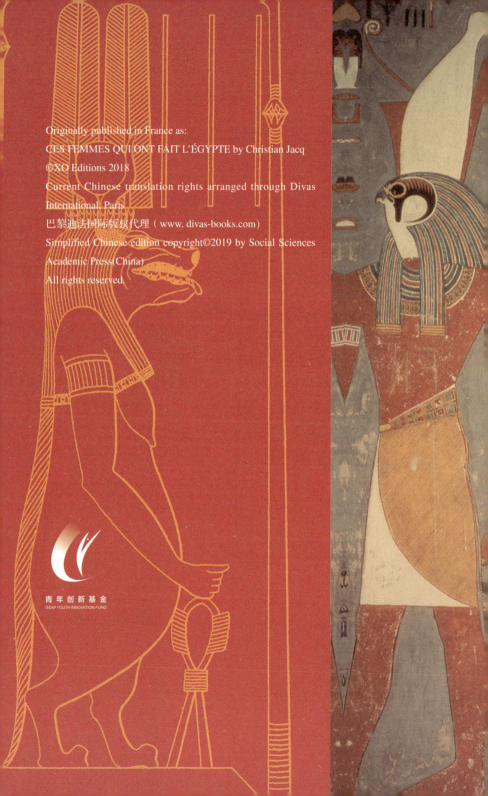

青年创新基金
SSAP YOUTH INNOVATION FUND

古埃及女性

从生命女神伊西斯到末代女法老

D'Isis à Cléopâtre

CES FEMMES QUI ONT FAIT L'ÉGYPTE

〔法〕
克里斯蒂安·雅克
（Christian Jacq）

著

孔令艳 潘宁 译
蔡佳 审校

社会科学文献出版社
SOCIAL SCIENCES ACADEMIC PRESS (CHINA)

一幅古埃及壁画中的三姐妹

含有古埃及元素的纸莎草卷

纳黑特陵墓中描绘宴会场景的壁画。
纳黑特是图特摩斯四世统治时期的一位古埃及天文学家和司书官。

图坦卡蒙陵墓中展现阿努比斯神、伊西斯女神与图坦卡蒙的壁画

埃及菲莱岛上的伊西斯神庙中的壁画

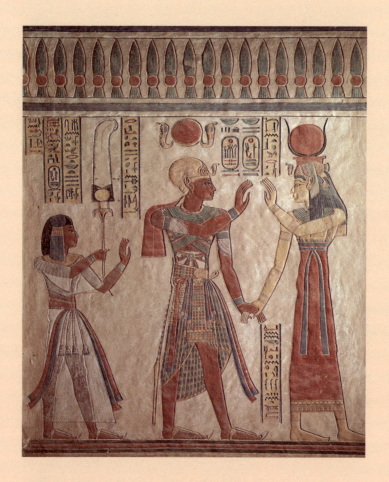

陵墓中的一幅拉美西斯三世和女神伊西斯的画像

自古以来，音乐就是埃及文化不可分割的一部分。

埃及菲莱岛上的神像

献给弗朗索瓦兹，我永远的埃及女人

目 录

前　言

　　女神塞莎特（Séchat）头戴双角覆盖的七角星冠冕，是书写、绘画和化妆女神，用拥有千百万年历史的绿色棕榈茎记录王室姓名。

　　——让-弗朗索瓦·商博良（Jean-François Champollion）

让－弗朗索瓦·商博良（简称商博良）曾这样写道：人们可以根据一个民族的社会组织是否支持女性来评价它的文明程度。这位古埃及象形文字的天才破解者和埃及学之父的见解一如既往的准确。通过研究法老统治的埃及文明，商博良发现与希腊等大多数把女性放在次要地位的古代或现代社会不同的是，古埃及的女性拥有非常重要的社会地位。

本书所陈述的古埃及历史中或声名显赫或籍籍无名的众多女性故事，充分展现了这些女性在当时所扮演的重要角色。即使在今天的西方社会，女性也并不一定都能获得法老时代的埃及女性所从事的岗位或担任的职务。美国和法国至今还未出现女性国家元首；在天主教或伊斯兰教的宗教等级中，没有女性能位于很高的等级。而在很多国家，女性尚未拥有经济独立、经商自由和被赠予私产的权利。

如果从全球视角来总览女性的地位，不得不承认女性地位几乎没有提高，甚至在很多地方，与古代埃及相比反而还降低了。

更进一步来看，古埃及女性可以成为法老，掌管外交事务。曾经有一位女性控制了一支解放部队，还有好几位女性大祭司被委任为兼顾宗教和世俗的大型神庙组织的负责人。有的女性主管医生协会、经商、与自己选择的丈夫结婚并有权支配私有财产。

女性拥有这些行动和自由的空间得益于埃及文化的核心基础，即法老制度。然而，我们所谓的"法老"，原义为"伟大的神庙、大居所"，不是指一个人，而是指由国王及其大王后组成的一对夫妻。他们一起管理国家，在国王因军事或经济活动出国时，王后负责执政。男女二人合为一体，尊严和职责与夫妻的概念紧密相连，这在此后三千年的埃及社会中深入人心，因为从第一个王朝开始，男女平等的观念就已经成为埃及人的基本理念。

第一批来到埃及的希腊旅行者曾对他们的所见所闻感到无比震惊，且愤慨不已：在他们看来低人一等的女人居然在没有丈夫或监护人陪同的情况下独自外出，在市场上叫卖各种商品，还有权力提出离婚并拥有本不该属于她们的多种权利。黄昏时，当托勒密王管理埃及事务时，希腊的统治者仍然忙着让女性磨平棱角归顺于男性。

在法老统治的埃及社会，没有女性退隐家中，没有胁迫婚姻和禁足区域，也没有强制着装、宗教禁忌和男权至上。即使从现代社会的角度看，古埃及女性当时所拥有的地位也是所有女性想拥有的。

在古埃及象形文字中，眼睛是标记之一。法老时代，在这双神奇之眼的注视下，女性①不仅创造人类的未来，而且活在当下。若非如此，人类及其社会都将不复存在。

---

① 在古埃及，女性通常被视为生命之源。——译者注

女性的典范：伊西斯

房屋的守护神奈芙蒂斯（Nephtys）和象征王权与生命的
女神伊西斯（Isis），用双翼环绕着奥西里斯（Osiris），借助生
命之风使他战胜死亡并重生。

——让－弗朗索瓦·商博良

追求重生

与其他伟大的文明一样，古埃及文明起源于一个创世神话，这就是奥西里斯和伊西斯的故事。这对国王和王后赐予子民幸福、安稳与富足。然而，噩运如影随形，奥西里斯遭到谋杀，死神降临。从此，死亡被视为一种罪行。

谁能挺身而出与死神抗争？伊西斯。如何才能战胜死神？创造复活之术使遇刺而亡的奥西里斯复活。这解释了为什么伊西斯能成为独一无二的女神，世间万物因她而生，最终回归于她。

伊西斯的名字①尤为值得注意，其含义是"王座"。国王并不是坐在王座上，而是自王座中孕育而生。伊西斯既扮演母亲的角色，又扮演配偶的角色。上至高贵的君王，下至最卑微的庶民，所有古埃及人都是"伊西斯的后代"，只要遵守真理与正义女神玛亚特（Maât）的法则（La règle de Maât），就可以成为玛亚特女神的"忠诚的信徒"，死后就能获得重生。

那么，悲剧究竟是如何发生的？在伊西斯和奥西里斯的辉煌统治下②，一个人间天堂般的王国在大地上诞生了。国王和王后向他们的臣民传授工艺和技术，使人民安居乐业。直到有一天，奥西里斯的亲弟弟赛特（Seth）被最邪恶的念头"贪

---

① 在古埃及，姓名是生命的一部分，可以超越死亡而存在。例如法老的姓名决定了其统治规划。一位女性在结婚时仍保留其姓氏。

② C. Jacq, *La Légende d'Isis et d'Osiris*, *la Victoire de l'amour sur la mort*, Paris, MdV Éditeur, 2010.

婪"迷了心窍。他不满足于自己现有的地位，自觉低人一等，渴望拥有权力。于是，为达目的，他选择了令人难以置信的卑劣手段——谋杀奥西里斯。

赛特邀请哥哥奥西里斯参加一个宴会，奥西里斯又怎么会有防备之心？在美酒和欢庆气氛的麻痹下，奥西里斯接受了赛特非同寻常的提议：躺在一个棺材里。奥西里斯真是致命的天真！这并不是一个游戏，而是一个死亡陷阱。密谋者和他的共犯迫不及待地封死棺盖，并将棺材扔进了尼罗河。

然而这个计划百密一疏，奥西里斯居然从这次谋杀中侥幸逃生。到了这时，赛特已经无法回头。淹死国王的阴谋失败后，赛特采取更心狠手辣的方法——肢解。

赛特得逞了。作为奥西里斯的妻子，伊西斯拒绝屈从于死神的突然降临。她是一个伟大的女神，掌握着令人死而复生的秘方，于是她萌生了一个荒诞的计划：找到奥西里斯被四散抛弃的尸块并把它们拼凑起来。

这个看似不可能实现的念头最终变为现实，只有奥西里斯的生殖器被一条鱼吞食，无法寻回。伊西斯并没有绝望，她变成一种猛禽——一只雌性的鸢，唤起丈夫身体的欲望。她说："尽管我是一个女人，但我能像男人一样。"这样一种超越自然法则的结合，发生在一只鸟和一个复活的人之间，结果孕育出了一只鹰，而不是一个人，他的名字叫荷鲁斯（Horus）。荷鲁斯是所有法老的保护神。法老们延续了伊西斯孕育的生命杰作——"从光明中诞生的尊者"。

作为伊西斯之子和荷鲁斯的化身，古埃及法老是连接天与地的纽带，为执政的艺术注入永恒的希望。

在诞下一位新国王之后，伊西斯击败了罪恶的死神。然而，她的战争尚未结束，因为赛特试图除掉年轻的荷鲁斯。于是，伊西斯把自己的儿子藏匿于尼罗河三角洲的沼泽地深处。那是一个危机重重的地方，栖居着可怕的生物，例如蛇和蝎子。伊西斯为王权平稳过渡到救世主手中保驾护航，因而成为伟大母亲的楷模。

唯一洞悉光明之神真名秘密的人——伊西斯

每天清晨，光明之神拉（Râ）穿越黑暗，战胜虚无，重生于世间。在古埃及的象形文字中，光明之神的名字是由代表语言表达的嘴唇和动作方式的手臂的形象组成的。而他真正的名字是一个至高的秘密，神灵和人类皆不知晓。

作为重生力量的掌控者，伊西斯难以抵御这一秘密的诱惑。但如何能洞悉这个秘密呢？伊西斯收集到拉的一些汗液，其中包含拉的部分元神，她把汗液和泥土混合，塑造了一只爬行动物。这只怪物能吞噬光明之神，使其饱尝痛苦，并把他推向死亡之门。

如此一来，除了向伊西斯求助，光明之神还能指望谁呢？唯有伊西斯有能力消除毒物的影响，保护光明之神。但是，伊西斯提出一个要求：作为医治光明之神的交换条件，伊西斯要求获悉光明之神真名的秘密。

光明之神想尽办法诱骗伊西斯，后来无计可施，只能答应伊西斯的条件。伊西斯变成了光明之神真名秘密的知情人，这一特权赋予了她无与伦比的地位。

令自然复苏的伊西斯

埃及享有上苍独一无二的馈赠——尼罗河。每当土壤龟裂，滋养大地的尼罗河进入枯水期时，人们开始期待神迹的降临。带来富饶的河水何时再涨起来呢？

夏日来临，酷热难耐，人们愈发陷入恐慌之中。难道再无活路，只能坐以待毙吗？占星师们站在神庙的穹顶上忙碌着，他们是否能在天空中寻觅到吉兆？

所谓吉兆，是指天狼星神索普德特（Sopdet）的出现。索普德特闪耀夜空的时刻，即为伊西斯面对奥西里斯的尸身抛珠洒泪、令其复活的时刻。这时尼罗河水位暴涨，那是大自然赐予的真正的生命之源。河水挟着雷霆之势奔涌而来，毫不迟疑地将从南部带来的丰沃淤泥布满大地。

伊西斯使用法力将自己的头发变成纸莎草，用以抵御干旱和贫瘠。她用生命之河灌溉大地，为整个国家注入活力，就如同她使奥西里斯复活一样。

伊西斯的岛屿——菲莱岛（Phiæ）

在古埃及南部地区，尼罗河形成第一个瀑布的地方，有一个神奇的地方。在礁石和水道之间，当阳光投射在水面上，反射着迷人的光芒，这里有两座岛屿——菲莱岛和碧奇岛（Biggeh），是伊西斯和奥西里斯传说的摇篮。

然而，由于当地建设了两座水坝，特别是第二座水坝的建成影响了气候环境，岛上的诸多神庙慢慢被水淹没，不复最初的景象。为了避免伊西斯最后的神庙消亡，人们不得不把神庙原址拆除，又在附近一个地势较高的小岛上一砖一瓦地重建了神庙。

乘坐一艘小艇就可以前往菲莱岛一探究竟，尤其是在黎明之前，看太阳从这里冉冉升起，照耀着埃及最伟大的女神的领地，那是一种令人永生难忘的体验。

上埃及地区丹德拉（Dendera）的居民保留着为伊西斯女神庆祝诞辰的习俗。此外，女神的圣地还有多处，如位于尼罗河三角洲的拜赫贝特·埃尔－哈格（Behbeit el-Hagar）。菲莱岛是存在时间最长的圣地，直至基督教徒的进入，女神最后的信众团体才彻底解散。

在信徒的眼中，伊西斯是宇宙的创世神、苍穹和群星的统治者、生命的女主人和光明之神的女性化身，也是智计无双的大法师①。无论前世、今生还是来世，伊西斯赐予众生福祉，因而她的声名不仅远播至地中海盆地，甚至到达与古埃及相距遥远的地方，比如东欧。在波兰的格涅兹诺大教堂里，就保存着关于奥西里斯神话题材的浮雕。

对于伊西斯的信徒来说，理解生与死的奥秘是最重要的事。② 对于伊西斯的崇拜成为基督教的强劲对手。尽管基督教最终取而代之，但圣母玛利亚形象的灵感来自伊西斯。

---

① L. V. Žabkar, *Hymns to Isis in Her Temple at Philæ*, Hanovre-Londres, University Press of New England, 1988.

② F. Junge, «Isis und die ägyptischen Mysterien», in W. Westen-dorf, *Aspekte der spätägyptischen Religion*, Wiesbaden, Otto Harrassowitz, 1979, pp. 93－115.

王后伊西斯

图特摩斯三世（公元前 1504 年—前 1450 年）是埃及历史上最负盛名的法老之一。为了保护埃及并实现中东地区的和平，他主张实施强硬的外交政策。除此之外，作为一个严谨、审慎的王国缔造者和管理者，他关注民生，对于民众的健康和卫生尤为重视。

图特摩斯三世也是一位讲究的知识分子，对于古文字兴致浓厚，并且从中受到启发，撰写了一部伟大的著作——《密室录》（*Livre de la chambre cachée*）。这本书描述了王室成员的灵魂历尽磨难，穿越幽闭的地下空间进入轮回的过程。历经这种古埃及炼金术式的漫长过程，灵魂得以重生，最终化为一轮新日。这部著作以一幅巨大的纸莎草卷的形式出现于国王谷中图特摩斯三世墓室的墙壁上。

这座永恒冥所中的一个石柱展现了朴素却内容丰富的信息，其中就有这样一个令人惊叹的画面：一位从树中出现的女子正在为少年模样的国王哺乳。得益于这天赐的至纯乳汁的哺育，国王方能成长为可担重任的一国之君。

画旁的说明揭示了这位树中女神的名字，她就是伊西斯。同时，伊西斯也是图特摩斯三世凡间母亲的名字。两个女人，一神一人，融合成一个统一的人物形象，既印证了关于这位伟大母亲的传说，又彰显了伊西斯女神惠泽众生的仁爱之心。这恰恰解释了伊西斯女神被奉为所有埃及女性的典范的原因。

二

第一王朝的首位女法老

　　这块石碑为纪念"奈斯所爱之人"——女法老梅-奈斯
(Mer-Neit)而立。"梅"(mer)的含义是"所爱之人",以锄
头为标志,而女神奈斯(Neit)的标志是两支交叉的箭,象征
着代表生活方式的编织工艺。

——阿拜多斯(Abydos),开罗博物馆

法老文明的起源一直引人猜测。普遍存在从外族入侵说到外星人创造说等各种假说。最新的考古发现终于揭开了这个谜团。

大约在公元前 3300 年，古埃及没有中央政府统治。它分为两个区域：一个是尼罗河三角洲或称下埃及地区，另一个是尼罗河谷地或称上埃及地区。国内分布着众多和平相处的部落。尼罗河三角洲地区遍布沼泽、环礁湖和辽阔绿地；而尼罗河谷地上，曲折的大河蛇形蜿蜒穿越两个荒漠。部落以瞪羚、狮子、公牛、大羚羊为名，非常重视自身独立和主权。[①]

最终，来自鱼猫部落的那尔迈（Narmer）统一了所有部落，将上下埃及合为一体，这一壮举从此成为法老登上宝座的一项仪式。法老制度由此诞生，并注定成为人类历史上最长久、最稳定的政权体制。

那尔迈称自己为美尼斯（Ménès）——创始人、强者、伟人。在这个由那尔迈创建的无坚不摧的政权基石上，一代又一代王朝由此建立。而从第一个王朝开始，一位女性的名字就浮现出来，她就是梅-奈斯。

奈斯女神到底是谁？她是宇宙的创造者。基督徒称之为上帝圣父，而古埃及人称她为"父母女神"，因为以交叉的双箭为标志的奈斯女神既是众父之父，也是众母之母，可以自我生育和繁衍人类后代。

奈斯女神使用七句圣言孕育了世界，其中第七句圣言与造

---

① *Et l'Égypte s'éveilla*, Paris, XO Éditons, 2010 – 2011, 3 vol. 这本书曾提及古埃及没有实现上下埃及统一的动荡时期。

物圣言密切相关，后来就成为生命的象征。除了"孕育无数生命的原始能量之海"这一比喻之外，还有什么措辞可以更恰当地形容她呢？奈斯就是世界母体的源头，并使生命旺盛繁殖。① 我曾与多位物理学家探讨过，他们认为从科学角度来看，这绝非无稽之谈。

第一王朝的国王和王后将"战神"阿哈（Ahâ）与被称为"和平奈斯"的奈斯－霍特普（Neit-Hotep）联系在一起，这绝非偶然。因为战争与和平、争端与安定、斗争与和解都是必要的。矛盾的两极不可分割，共同保证了国家的平衡。②

南北双方的联合、上下埃及的统一、男女两性的融合、国王与王后的并存：法老制度的这些重要特征，通过在北部塞加拉（Saqqara）③ 和南部阿拜多斯各建立一个象征王室永恒不朽的陵墓，而得到了充分体现。

首位女法老梅－奈斯拥有了两座不朽陵墓：塞加拉3503陵墓和阿拜多斯 Y 陵墓。英国考古学家皮特里（Petrie）认为，这一安排的含义不容置疑：梅－奈斯是第一王朝第四位君主、首位女法老，无论从国家、立法还是社会角度来说，这样安排都不容置疑。

梅－奈斯法老的两座陵墓与王朝其他君主的陵墓相比毫不逊色，阿拜多斯的那一座陵墓甚至可以说是宏伟、壮观的陵墓之一。墓室深置于一口井下，上有砖墙覆盖的拱壁。八座拱顶

---

① 奈斯女神幻化为一只甲虫。它可以自体受精。
② 《我是他和她》（«Je suis Il-Elle»）确立了创造者原则（Textes des Sarco-phages Ⅱ，161a）。
③ 塞加拉是埃及境内一个古代大型墓地，位于开罗以南约30公里。——译者注

之下放置了大量花瓶、盆罐和众多仪式用品，象征一场永远不散的盛宴。这座雄伟陵墓的地面整体覆盖着镶木地板，上有木制屋顶。

东边两座石灰岩的大石碑刻有梅－奈斯的名字。面对君主强大不朽的生命创造力"卡"（Ka），她的仆人对其致敬和永表怀念。而依照王室惯例，王室成员作为人间和天堂之间的调停者被葬在法老四周。七十七名女仆永久陪伴在侧。这个数字也许带有某种永恒保护的象征意义。

奈斯女神，编织工的典范

在埃及，乌托邦和空谈思想是不受欢迎的，所有精神意愿都需要通过物质来表达。在第一王朝地位如此显赫的奈斯女神是当时女子学校重要学科——编织艺术的发明者。

编织和创造是相近的行为，编织体现了创造的秘诀。所有服装都起源于最初的衣服——与复活相关的白色奥西里斯式的丘尼克。

手与思想密不可分。编织工作需要把生活中众多物品连接起来，从而创造出一件和谐的作品。"打结"（tches）这一多义词既可以指"神奇有效的话语"，也可以代表固定神庙石块的"鸠尾榫"。

奥西里斯被称为"强壮和有逻辑的人"。为他编织衣服，有助于战胜无序和死亡；而"编排"好的话语同样可以驱除不幸。这位"可敬之人"奈斯在生命之屋编织细布带，用于包裹奥西里斯的光明之躯，以及系牢天堂之梯帮助法老灵魂重返诞生之地。

在这个古老的帝国里，到处可见这种起初仅限于女性制作的编织物。后来男性也学会了编织物品。各种编织工坊可以制作礼仪制服、丘尼克、缠腰布、长裙、床单、包带……一块织布甚至可长达 22 米！

编织生活——这就是首位女法老的目标。

三
掌舵的王后

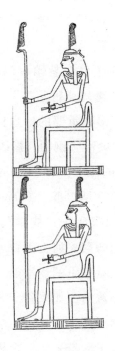

　　公正、真理、正义和正直是埃及文明的基本法则，统称为玛亚特法则。女神玛亚特化身为头戴羽毛的女人，这根羽毛是鸟类用以掌握方向的舵羽。在审判灵魂时，两位玛亚特会同时出现，一位来自天上，而另一位来自人间。

　　——《亡灵书》（ *Livre de sortir au jour* ），第 125 章

　　（《亡灵书》又称《白昼通行书》，是埃及最古老的诗歌总集。——译者注）

统一上下埃及并非易事。尽管困难重重，但最初两个王朝的统治者还是通过各种宗教仪式、象形文字系统、有效的行政管理以及社会凝聚力，成功地确保国家的统一。

大约公元前 2700 年，出现了一个重要里程碑：第二王朝末代国王的王后揭示了统一的关键，从而对古埃及史的延续发挥了重要作用。

成功建国的关键在于尼 – 赫帕 – 玛亚特（Ny-hépet-Maât）王后，她的名字意为"由玛亚特掌舵"。

寥寥几字却包含了多么重要的信息！尼 – 赫帕 – 玛亚特王后提出了极为重要的"政治"纲领，被认为是第三王朝的祖先，这个王朝以乔塞尔（Djéser）和第一座石砌金字塔而闻名。

首先，最重要的信息是"舵"（hépet，王后名字中的"赫帕"）。古埃及人不把国家比作"战车"，而比作"船"，皆因尼罗河就仿佛一条高速通路，河上无数船只川流不息，既有简陋的单人小艇，也有大量载重的运输船。

人类的存在被比作渡河，如果善于掌舵并能沿着正确的航线前进，灵魂就会抵达良港。

尼 – 赫帕 – 玛亚特王后带来了一个根本启示：能够指引国家朝正确方向前进的舵不归人类掌管，而是掌握在一位神祇手中，即女神玛亚特。

玛亚特法则一方面为那些雕像所代表的不朽灵魂提供了理论基石，另一方面其精准性还体现为建筑神庙的长度单位肘尺（肘尺又称腕尺，是古埃及的长度单位，即一肘的长度，从肘至中指尖的长度。——译者注）。另外，玛亚特也有船舵之意。

女神玛亚特的头上插着一根鸟的羽毛，它是决定鸟类飞行方向的舵羽。女神玛亚特提出玛亚特法则。玛亚特法则作为法老文明的基础，无论在天上还是人间，都代表着精准性和由此衍生的正义，以及动态的秩序、和谐的创造与真理。每位法老在统治中都遵循玛亚特法则，即正直的原则，以确保众神、统治者和社会之间的协调一致。没有人能凌驾于玛亚特法则之上，任何不遵循这一法则的人都注定要失败和死亡。

玛亚特法则永远与伊斯费特（isefet）截然不同，"伊斯费特"一词代表毁灭、不公、退化、懒惰、谎言以及一切导致黑暗和邪恶的概念。所以，法老的首要职责就是用玛亚特法则取代伊斯费特，用秩序取代无序。因此，法老制度并不只是纯粹的政治体制，还具有精神和形而上的意义。

从法老的行为到普通人的一举一动中可见玛亚特法则。正因如此，古埃及文明既没有经历过暴政，也与奴隶制无缘。充分体现玛亚特法则的法老制度以保护弱者免受强者的侵害为要务，正如许多例子印证的那样，公正成为古埃及社会的核心价值。即使是普通农民也有机会在与贵族的诉讼中赢得上风，国王并不会强行下达法令进行干预。玛亚特法则确保了国家的稳定和繁荣，而每当内部因素或外敌入侵破坏了这一法则，埃及就会陷入衰落。

除了她的名字，我们对尼－赫帕－玛亚特王后几乎一无所知，但这个名字给我们带来宝贵的启示：如果说玛亚特法则从第一王朝起就统治着法老制的国度，那么第二王朝的结束则标志着另一个重要的里程碑。国王夫妇坚定不移地昭告天下，他们将遵循玛亚特法则治国，而这一方针促成了第三王朝的诞生。第三王朝的乔塞尔和他的建筑总管伊姆霍特普（Imhotep）在塞加拉修建了一座阶梯金字塔，也是第一座由方石建成的巨型建筑。

四
胡夫之母的秘密宝藏

    在一次重生仪式中，银河女神哈托尔（Hathor）给少年胡夫（Khéops）哺乳。无论胡夫年龄多大，哈托尔始终哺以天赐的圣乳，以确保他能胜任治国之责。

——让-弗朗索瓦·商博良

一次非同寻常的考古探险

在吉萨（Guizeh）的考古遗址上，矗立着闻名于世的三大金字塔：胡夫金字塔、哈夫拉金字塔和孟卡拉金字塔，世人谁不想来此参观一番，探寻究竟？金字塔是广袤陵墓区上的标志性建筑，在三位君主的陵墓周围，合葬着男女朝臣，他们曾负责管理第四王朝（公元前2613—前2498年）的埃及——一个稳定、富足而强大的国度。

1925年2月，美国考古学家雷斯纳（Reisner）决定发掘大金字塔东侧的陵墓。热衷于摄影的雷斯纳要求随行摄影师尽可能多拍摄照片，因此必须带上摄影支架。这一设备最终促成了非凡的发现。

当时，摄影支架的一只脚架陷入了一个坑中，摄影师俯身查看，却惊讶地发现了一层石膏，看起来几乎与石质地面融为一体。

这时轮到考古学家雷斯纳上场了，一个念头在他脑海里盘旋：这里会不会藏着一个完好无损的陵墓？接下来的首要任务是清理工作。结果没有令人失望！眼前赫然出现了通往陵墓必经之路的台阶，而且看来此墓还幸运地躲过了被盗之劫。

台阶的终点是一口井，清空这口井就花了十几天时间。不难想象发掘者们高涨的热情。发现秘密宝藏的希望越来越大！

起初，人们在十几米的深处挖掘出一个简陋的壁龛，内有一些啤酒瓮、一个头骨和用草席裹着的几只公牛蹄。这些祭品可使陵墓的主人免于口渴，并保证他拥有公牛的强大生育力，而公牛正是法老的化身之一。

发掘者们继续下探，直到地下 25 米的井底。他们的一番辛苦是否付之东流？不，眼前出现了一个石栓，陵墓的入口显然就隐藏其后！

终于，1925 年 3 月 8 日，发掘者们成功跨进了陵墓的入口，进入金字塔时代最伟大的王后之一——赫特－弗瑞丝（Hétep-Hérès）的秘密领地。

一处秘密宝藏

这座如同地下圣物箱一样被精心掩藏的陵墓里面，究竟有什么宝藏？无数必不可少、精美绝伦的随葬品环绕簇拥在一位古埃及帝国伟大王后的身边，象征陪伴王后的灵魂穿越冥界的美丽幻境，而王后在众神的陪伴下永生。[①]

雷斯纳和他的团队花了 321 天才把林林总总的珍宝带到地面。1000 多张照片和 1700 页的技术档案记录了发掘全程，载入史册。

首先出土的是专为冥界的永恒盛宴准备的金银餐具，以及彰显王后庄严美丽的各种首饰，尤其值得一提的是用当时珍稀的白银制成的手镯，青金石、红玉髓和绿松石制成的蝴蝶镶嵌其上，象征着变形和重生。

---

① 关于该陵墓的考古发掘与研究，请参阅 G. A. Reisner, *A History of the Giza Necropolis*, vol. II , W. Stevenson Smith, *The Tomb of Hetep-Heres, the Mother of Cheops*, Cambridge（Massachusetts）, 1955；M. Lehner, *The Pyramid Tomb of Hetep-Heres and the Satellite Pyramid of Khufu*, Mayence, 1985.

随之出土了遍覆金箔的狮爪床。它并非人间的普通家具，而是复活之床，暗含着以狮子为化身的永恒觉醒之意。

由十根金杆和四根木杆撑起一顶巨大华盖，能在王后出行时提供惬意舒适的荫凉；还有饰以金箔的黑檀木轿椅，揭示出这位伟大王后另一个令人惊奇的头衔："为荷鲁斯和赛特做轿椅的伟大女性"，即这两位神祇在法老身上合二为一，由王后托起。"赫特"（Hétep）一词意为"桥子"，也是王后为神庙祝圣时使用的一种权杖的名称。"赫特"还意为"完成、圆满、和平和日落"。

赫特－弗瑞丝陵墓出土的物品经过修复后在开罗博物馆展出，这些杰作以简洁的线条和独特的现代感，令游客叹为观止。

赫特－弗瑞丝是谁？

用奥西里斯炼金术成功炼制的金质象形文字揭示了墓主人的身份：她就是赫特－弗瑞丝，"体现圆满之女性"。这些文字还显示了她的多重身份：上埃及和下埃及国王的母亲、荷鲁斯的伴侣、金合欢圣所里众屠夫的首领。而作为神的亲生女儿，她的身体代表了一切。

赫特－弗瑞丝是法老斯尼夫鲁（Snéfrou，公元前 2613 年—前 2589 年）的妻子，斯尼夫鲁虽常被人不公平地忽视，但古埃及人认为他是个出类拔萃的"好国王"。英明过人的斯尼夫鲁在位时，在吉萨以南的代赫舒尔（Dahchour）建造了两座巨大的金字塔。人们普遍认为赫特－弗瑞丝是胡夫的生身母亲，但我们对此应持谨慎态度，因为"国王之母""国王之子""国王之女"等称呼并不一定指严格意义上的亲属关系①。即使对于"他的亲生儿子"，也应理解为"王室子嗣"才更恰当。令人遗憾的是，尽管研究结果无可争辩，但大多数埃及学家并未真正认识到这一点。例如，时至今日仍可在一些书中读到拉美西斯二世有几十个子女，其实这些合葬在国王谷最大的陵墓里的所谓"子嗣"只是朝臣。

除了"国王之母"这个最重要的身份之外，赫特－弗瑞丝还领导着一群被称为"金合欢树下的屠夫"的男性，而金合欢树与奥西里斯的复活仪式相关。她指挥众屠夫打败了杀害奥西里斯的凶手赛特，并将牛和其他动物变成了天堂盛宴中的食物。

上文提到的女神奈斯和女神哈托尔的女祭司们都是赫特－弗瑞丝王后的下属。哈托尔的名字意为"荷鲁斯的神堂"，即供奉保存王室精神的神堂。作为女祭司们的首领，伟大的赫特－弗瑞丝王后举行庆祝仪式，宣告天空女神和星辰女神存在于世间；创造了绿松石、祖母绿和孔雀石的哈托尔是"金色的"，因为神祇的身体由黄金构成。她化身为一头巨大的神牛，用牛奶——后来成为银河——滋养星辰和法老们。

七位尊者（宗教中的尊者指一生圣洁虔诚、被封圣仪式认可的圣徒。——译者注）用红线编成的细带打扮自己，并把邪恶的灵魂囚禁在细带上的结里；她们是善良仙子的祖先，为被保护人带来健康、幸运和其他众多福祉。为了尽享欢乐，她们手拉手连成一排，随着手鼓的节奏翩翩起舞。

---

① 主要参见 M. A. Nur El Din, *Orientalia Lovaniensia Periodica* 11, 1980, pp. 91 – 98; A. – S. Naguib, *Studies Kakosy*, 1992, pp. 437 – 447。

一口神秘的石棺

发现古王国时期的一个完好无损的陵墓已经是非凡的成就了，但发掘者们还期望获得另一项成就：把来自遥远时代的王后木乃伊完整取出。雪花石棺深藏在如此隐蔽的陵墓底部，且上方没有其他建筑，开棺是否能发现终极宝藏？1927 年 3 月 3 日，众多学者为了赫特－弗瑞丝而汇聚一堂。

结果很令人失望！石棺内竟然空空如也。作为侦探小说的业余爱好者，雷斯纳编造了一个离奇的故事以解释空石棺，不幸的是，一些被公认为"严肃"的著作也转述了这一不经之谈。

不过，空石棺并非仅此一例，第三王朝法老塞汉赫特（Sékhemkhet）也有同样的雪花石棺，尽管石棺被完好无损地密封着，里面却空无一物。

金字塔并不是通常意义上的陵墓，而是永生之地，把凡人变成不朽者的所在。赫特－弗瑞丝的丈夫斯尼夫鲁法老建造两座巨大的金字塔，用其中一座来殓藏经过防腐香料处理的尸身，而用另一座来安放非物质的灵魂。

赫特－弗瑞丝的陵墓里有一个砌死的壁龛，龛内有四个存放内脏的卡诺匹斯罐①。这样做可以把经过特殊处理的内脏置于荷鲁斯四个儿子的保护之下。他们主管死者往生后的灵魂复活。

---

① 在埃及有关葬礼的信仰中，荷鲁斯的四个儿子专门负责管理装有死者的胃、肠、肺和肝脏的四个罐子。——译者注

五
女性管理者

古王国时期的马斯塔巴墓①并不是意味着生命消亡的陵墓，而恰恰与之相反！石棺、木乃伊的井和地下室组成了陵墓中的墓葬部分，而其中生者可以进入的活动空间则大小不一。从小型住宅到建筑群包含了大量日常生活的房间。陵墓壁画的主题并非死亡，而是生活。一幅丰富多彩、充满欢乐的生活画卷，通过对宴会、游戏、体育和音乐活动的描绘的壁画，为我们提供了关于古埃及人的农业活动、手工劳作等日常生活的大量信息。

这些极其丰富的文献让我们知晓了一位"光明之神使者"——赫梅特拉（Hémet-Râ）夫人②。她有令人尊敬的名字和强烈的个性！在金字塔时代，她管理着由男性雇员组成的行政机构！

她的得力助手是她的总管，而她的雇员是一些司书官，由

---

① 根据阿拉伯词语来理解，马斯塔巴（mastaba）意为"石凳"。这种墓是古埃及贵族的一种古墓。它的上部结构被设计为梯形六面体状。

② H. G. Fischer, *Egyptian Women*, p. 9.

此可知赫梅特拉夫人擅于管理，因为在当时，人们需要数年的学习，才能够获得文书的职位。当然，农场文书和王室司书官之间还是有着天壤之别的，前者为谷仓和牲畜的计数员，而后者则为国家首脑的亲臣。但一名女性能够管理一支男性公职队伍，这一事实证明了她的能力，以及她被赋予的行动自由和她享有的尊重。

诚然，埃及文明是"石头文明"，但文字也是它的载体，与长久以来被歪曲传播的成见相反的是，很多上下埃及的居民具备读和写的能力。人们不拘泥于题材并且孜孜不倦地撰述，以多种文书形式记载生活的点点滴滴，例如，劳动合同、房屋销售合同、杂项库存表、雇员服务表等。

毫无疑问，赫梅特拉夫人担任了一个重要职务，与她在基层经济组织神庙中的同事一样，也不为生计担忧，因为她个人私有的耕地可以生产必需的食物。

女人和男人被分成四个小组，轮流执行多项任务，任务涉及准备日常仪式和管理组织财富等。

如今，在许多国家，女孩的出生并不是一个好消息。她的前途并不乐观。而在古埃及并非如此，这位夫人的成功不是孤例。

著名的奈特安卡（Nékânkh）是好几个男孩和一个女孩的父亲。由于年纪大了，他考虑将神庙仆人的工作传给后代，他对女儿和她的兄弟们一视同仁，女儿的权益没有受到任何损害，子女的工作量和责任均为公平分配。

六
东方美人，创造力的女仆

　　东方美人娜菲蒂贝特（Néféret-Iâbet）身着在初始仪式中能彰显地位的豹纹服饰，右手伸向献祭台并发力，使祭品的卡（创造力）从中散发出来。

　　　　　　——娜菲蒂贝特碑，胡夫统治时期（公元前2589年—
　　　　　　　　前2566年），巴黎，卢浮宫，展品编号 E15591

谁不为埃及庞大的纪念碑及其极具特色的建筑所倾倒？如今，在重大工程施工时，人们往往乐意用"如同法老时代般"来描述工程的宏大。人们发现，古代的建筑师找到了将创造力体现在石头上的秘诀。

而这种创造力被称为"卡"，它的象征动物是野牛，一位如拉美西斯二世一样年轻的国王也要学着驯服这种令人生畏的四足野兽。卡即为"创造力"，书写形式为高举的双臂，而同音的"kat"意味着"工作"和"作品"。"工作"一词源自拉丁语"tripium"，意为一种折磨。对此，古埃及人并不认可，与之相反，对他们来说，工作提供了能量，而这正是产生和发展创造力的源泉。

创造力滋润世间的生物，优质的食物中包含着卡，食用者能吸收它，但工业产品和污染物作为死物，没有卡蕴含其中。

最强大的卡为法老所有，王室的卡即为不朽，生生不息，一代代君主万世相传，使他们能够精力充沛地创建国家和治理国民。

维持和供养卡并确保它的力量的增长，是创造力男女仆人们最根本的任务，也是他们存在的意义。在古埃及人眼中，他们从事着一份极为重要的工作。他们对公认的"忠诚的信徒"之不朽灵魂的卡表示崇敬，使其凭借精心装饰的神堂和塑像，在尘世得到永存。

死者的卡的女仆从事和男性一样的工作，规律地为死者敬献香水、香膏、酒罐、啤酒、牛奶、水、面包、肉、水果和蔬菜。点名和列举能使这些祭品"显现"，从而让死者的卡能吸收祭品微妙的、非物质的部分。然后，许多食物和物品被献祭后，又被分发给活着的人，我们可以说这是"先人的节约"，而这一点在当今社会却被人们遗忘了。埃及人称先人为"前面的人"，他们指引我们前行，启迪我们的智慧。没有他们，就没有社会凝聚力。

卡的女仆们均可为一个永恒的神堂献祭，有时是为父亲、丈夫或者朋友献祭，而在这些女仆中，我们记住了东方美人娜菲蒂贝特。她因在石碑中展现的美丽而永生。

娜菲蒂贝特穿着能体现她神职天性的豹纹服饰，皆因豹纹的斑点让人联想到满天星辰。她左手按在心脏上，那是意识和信仰汇聚的地方，右手伸向一个盛着祭品的祭坛，而她让卡不断自此涌出。千百头牲畜野味、堆积成山的面包、流水般的啤酒和葡萄酒、取之不尽的纯净果蔬美食，加上香气四溢的油类和香粉、华丽精美的织物……这一切都令卡充满蓬勃生机。

"卡"这个词也可指代公牛——稳定和力量的象征。而坐在公牛脚凳上的娜菲蒂贝特正是这一系列来自自然、人类劳作的奇迹的激活者。这些奇迹既源自人类的本性，也源自人类的劳作。而这不可思议的热闹气氛能将卡的女仆的灵魂引向天，为她开启神殿的大门，而主宰无限空间的天神能确保她安然前往另一世。

娜菲蒂贝特用纯净的水来让卡复活，这种祝圣之水不仅是一种液体，而且是一种源自太古之海的能量，它能净化生物，使它所接触的任何事物都失去致命的特性。

美丽动人的凯迪森夫人（Kétisen）也是一位卡的女仆，

一处浅浮雕①保存了她的记忆。令人印象深刻的是，（浮雕上的）象形文字"神之语"都指向了她而非她的丈夫。她的丈夫胡蒂（Houti）十分敬仰自己的妻子。面对面的两个人物的身材一般很高，凯迪森夫人从食物产品的卡中受益满满；获取祭品的方法是通过"发声"说出祭品，胡蒂向他所爱的女人保证，她将永远快乐且充满活力。而他们要一起庆祝这永恒的宴会。

---

① 该浅浮雕来自开罗博物馆，编号 CG1398（出自塞加拉地区第 88 号马斯塔巴墓）。

七
"热爱生活" 的女性团体

　　团体的领导者"母亲"教"女儿"如何驾驶冥世运河上的小船。领导者和她的信徒（"女儿"）用纸莎草秆作绳子，这些草秆来自原始环境，那里闪耀着生命之源。

　　　　　　　　——该雕塑出自法老的妻子梅雷斯坎（Méresânkh）

　　　　　　　　　　　　　　　的马斯塔巴金字塔，吉萨

吉萨平原的三座金字塔好像主宰着这片由古埃及第四王朝的三个法老胡夫、哈夫拉和孟卡拉所打造的地区。然而，这些金字塔并不是这一特殊地区的唯一奇迹。在金字塔周围，一个永恒的村庄汇聚了忠实为其君主服务的朝臣。

在时间范畴之外探索这个地区，让人沉醉又着迷，而在众多陵墓中，梅雷斯坎的不朽陵墓占据着特殊的位置。

梅雷斯坎意为"她爱生活"①，为第三位拥有同一姓氏的女性②。她葬在胡夫金字塔的东边，她的身份则可能是法老哈夫拉的妻子。

文字、绘画和雕塑使这座陵墓成为一个杰出的纪念堂③。如果说我们没有听闻任何关于梅雷斯坎的轶事，那么她的精神和传教的角色则以独特的方式展现出来。

女神哈托尔奥秘的信奉者们组成了一个由"母亲"领导的团体。梅雷斯坎陵墓中的"母亲"是赫特－弗瑞丝。我们要注意不要将她与胡夫的母亲混淆，因为她们似乎拥有同样的姓名。

陵墓中的一些场景向我们展示了领导者"母亲"是如何教育要帮她完成使命的"女儿"。这是一个引人注目的宗教旅行的场景：小船拨开宽阔的水面前行。主人公出发寻找莲花，因为那朵花象征着源自太古之海的光芒，这是一种类似对圣杯

---

① 梅雷斯坎的另一种含义为：女神哈托尔的所爱之人。

② 我们对几位名为梅雷斯坎的女性的身份存疑。第一位名为梅雷斯坎的女性可能为古老帝国最伟大的缔造者斯尼夫鲁法老的母亲，而第二位名为梅雷斯坎的女性可能是法老胡夫的女儿。

③ 参见 D. Dunham & W. Simpson, *The Mastaba of Queen Mersyankh* III , G7530 – 7540, Giza Mastabas I, Boston, 1974。

的追求。通过展示莲花和它的光芒，年长的领导者向继任者传授自己的知识。她们共同见证生命的诞生，而这一奥秘会被女性团体紧紧守护。

为了履行崇高的职责，梅雷斯坎可以查阅所有神圣的文献，参与所有神圣的仪式，这些是"光明之神的启示"①。她也是托特神（Thot）的祭司。托特神是象形文字的创造者、神谕的主宰、司书官的首领。她化身塞莎特。法老们就是在那里被授予职责和洞悉奥西里斯的奥秘。头戴七角星冠冕的塞莎特是书写的守护者，也是在建造神庙时协助国王的人。

梅雷斯坎的陵墓为世人呈现了一座举世无双的雕塑群，十位女性雕塑呈站立姿态，这是一个由成熟的女性长者和少女组成的团体。她们被分成两组：三个神职人员，包括团体领导者"母亲"；而另外七人则为四个成年人和三个年龄较小、身高递减的少女。在这组雕塑群中，这十位女性呼之欲出，永远紧紧地站在一起。从中我们可以看见长者的肩膀与她的一名信徒的肩膀紧挨着，而这位信徒则圈紧了她的启蒙者的腰。

这个女性团体具有非凡的凝聚力，身处奥西里斯复活仪式场所的"金合欢圣所"之中，而这些女性颂扬了她们奥秘的传承和合一。

----

① 这里的神指光明之神拉。

八
"父亲的姐妹" 式婚姻

　　这是古王国时期的一个显赫家庭，它的家庭成员有：一位名为希奈蒂提丝（Sénet-Itès）的年轻的夫人、她的丈夫塞内布（Séneb）——一个身居高位的侏儒，以及他们的两个孩子。

——展于开罗博物馆，编号 JE 51280

　　身为女神奈斯和哈托尔的女祭司，希奈蒂提丝①在金字塔时代担任了重要职务。她气质优雅，美丽动人，戴着昂贵的黑色假发，身着一条贴身勾勒出她优美身姿的白色吊带裙，这位优雅的显贵做出了一个严肃的决定——结婚。

　　她自己选择伴侣，而不用他人干涉。不论是她的父亲、母亲还是其他权威人士，均不能将其愿望强加于她。同所有的埃及女性一样，即使有来自家庭的压力，希奈蒂提丝还是能自由地选择结婚时间，嫁给任何她想嫁的人，而事实上，没有任何法律强制她必须结婚和生育。让我们铭记埃及智者普塔霍特普（Ptah-Hotep）的第九条箴言②：不要指责没有孩子的人，也不要因为有孩子而夸耀。在这个世界上有许多父亲是不幸的，许多生育过的母亲也是如此，而没有孩子的妇女比她们更从容安宁。

　　在古埃及，没有人会谴责婚前尝了禁果的少女，也有一些"试婚"的情况，例如一位鹅群的看守用在神庙中存放的财产换取了一次为期9个月的同居生活，而如果这段关系因他的过失而终止，他的临时妻子可以保有这些财产③。

　　结婚时，希奈蒂提丝保留了她的名字，她的名字绝无被配偶的名字替代的可能。请铭记，名字是生命的一个基本要素，让人类在死亡后得以永生。

　　婚姻通过以下这个决定性的事实得到社会认可：一对希望结合的男女在众所周知的情况下一起生活。智者阿尼（Ani）

-----

① 她名字的含义为"父亲的姐妹"，代表一项礼仪的头衔。
② 参见 C. Jacq, *Les Maximes de Ptah-Hotep*, Paris, MdV Éditeur, 2015。
③ 值得注意的是，婚前合约在双方关系破裂后也倾向于保护女性权益。

对未婚夫说："为自己建造一个家，你就会发现，这能使你消除纷争，远离混乱。不要以为你可以一直住在父母的房子里。"结婚意味着"共同生活，建造房屋，融入家园"。"Meni"一词意为"停泊"，包含了"一段幸福的旅途结束后安全抵达了正确的港湾"的意思，所以婚姻的含义是：单身旅途宣告结束，取而代之的是一种新的、积极稳定的生活状态。

在古埃及，从出生到死亡，几乎所有人类活动，无论是知识、艺术，还是农业活动，一切都被宗教仪式化了，只有婚姻例外！举办婚礼并未被当作一种神圣的行为，而是人们之间的一种世俗的欢乐行为。婚礼是一个阖家欢庆、举办盛宴、气氛到达高潮的场合。人们交换花朵，准备嫁妆，新娘穿着特殊的婚礼服装。人们吃盐来表达用盐密封婚姻的美好愿景，而新婚夫妇的双手在触碰圣甲虫时交握，或许因为圣甲虫是幸福的象征？如果说涉及神灵和宗教的仪式总是烦复而冗长，那么古埃及人在婚礼庆典的细节上可以说是极其精简。

在选择丈夫之前，富有、高贵的希奈蒂提丝想到用法律条款提前做出安排。她可以采用最符合她需求的婚姻合约形式，从以诺言为基础的口头保证——这些诺言在法老时代至关重要——到书面文件形式（其中若干样本被留存下来）。我们从中可知，在丧偶或离婚的情况下，妻子的物质利益得到了精心的保护①！

---

① 比如，参见 S. Allam，«Quelques aspects du mariage dans l'Égypte ancienne»，*JEA* 67，1981，pp. 116 - 135。这部著作中的婚姻合约是从第二十一王朝开始的，但借鉴了此前的模式。

丈夫如果主动离开妻子或被裁定对离婚负有责任，在不预先判处任何额外罚款的情况下，至少需要支付他们共同财产的三分之一给妻子，并且妻子在结婚时带来的财产都将予以归还。

女性还有一项基本权利，她们有权在打算离婚和离开婚姻住所时拥有离婚自由①。如果离婚进程不顺利，双方可以向地方法院提起诉讼，地方法院能处理大多数的此类情况。而如果情况恶化，案件将移交给更高一级的法院来判决。

如果女性被判有罪，她仍可以保留其大部分甚至全部财产，以确保其生计。与之相反的是，不称职的丈夫将受到严厉的经济处罚。而且，如果出于一些令人不齿或者难以接受的理由，丈夫往往不敢毫无顾忌地提出离婚。例如一个可悲的男人在结婚 20 年后因为妻子失去了一只眼睛而想与她分开，妻子通过法院抗议丈夫的薄情寡义，而众所周知，在诉讼结束时，不管具体条件如何，结果都会对她有利。

埃及女性的权利和独立让希腊人十分反感，所以当希腊人通过托勒密王朝统治埃及时，他们坚持不懈地迫使埃及女性受不同程度的监管。然而，在公元前 219 年，塔伊斯（Tais）夫人仍然成功地占了上风，使她丈夫哈伦海布（Horemheb）不得不服从旧法。她的结婚礼物是两块银币②，如果离婚，银币会归她所有，而如果哈伦海布对妻子态度恶劣，他会被强制离

---

① 根据纸莎草卷（Papyrus Salt 3078）的记载，妻子承诺，如果她因为要和另一位男人生活而离婚，不得就夫妻共同财产提起任何法律诉讼，而且妻子需要将其在婚姻存续期间从前夫那里获得的财产予以归还。

② 希腊人将货币体系引进埃及，法老们称之为"巨大变形"，并一直持否定态度。

婚，并额外给她两块银币作为补偿。除此之外，塔伊斯还应取得婚姻财产中三分之一的共同财产和塔伊斯所有的私产。经历了波斯人、希腊人、罗马人、基督教徒，以及阿拉伯人的冲击，直至古埃及文明被摧毁之前，埃及女性一直保持着她们在第一王朝建立时的独特地位。

在古王国时期的黄金时代举行婚礼时，希奈蒂提丝夫人的生活前景一片光明，但是她选择了一个不同寻常的丈夫！

她的丈夫是王室守卫长兼两任法老胡夫和雷吉德夫（Djédefrê）的卡的仆人，同时担任世俗和神职的高级职务，是宫廷中一位位高权重人士。这样一对耀眼的天作之合理应通过雕像刻下他们永世不朽的模样。凝视着出土于吉萨的家庭墓的石灰岩雕像，我们能够感知到这对夫妇和一儿一女的和睦与幸福。

然而，希奈蒂提丝的丈夫塞内布是一位侏儒。雕像中，他保持司书官的坐姿，双腿交叉盘起，上身肌肉紧实。他的眼神不同寻常，超越外表，注视远方。他的妻子拥着他的左臂，静静地坐着。为了表示服从和沉默，两个将盘起的辫子梳成幼儿发型的孩子都将一根手指贴在嘴唇上。他们的父母有成群的牛、山羊、绵羊和驴子，还有好几艘船。塞内布是一群司书官的首领。这是一个家庭最圆满的模样，所以这座雕像代代流传。希奈蒂提丝的婚姻也是自由的绝佳范例，一个女人嫁给了她所爱的男人，无论他有多么特殊。

婚姻把一个男人和一个女人结合在一起，而并不是兄弟和姐妹的结合，但是后一种错误观念一直广为传播。这种误解由两个因素造成，一个跟语言有关，另一个则是外部因素。

在象形文字中，丈夫被称为"兄弟"，妻子被称为"姐妹"。对这两个字的错误解释导致了近亲婚姻理论，而在法老时期，这一说法并没有任何事实依据。国王并没有娶自己的"女儿"，有此说法或是因为仅仅涉及一个授予头衔，或是因为神话强调了"创世父神"的存在，而他的"女儿"即为生命。

外部因素与希腊习俗息息相关。在托勒密王朝统治期间，与埃及习俗不同的是，在独特的希腊文化中，兄弟姐妹可以结为夫妻，而罗马人为了保留土地的所有权，将这一习俗代代延续下去。

最后，需要指出的是，不能将现代埃及的风俗直接投射到古埃及社会中，与因此产生的成见相反，在古埃及，一夫多妻制从来没有得到过施行。极少数存疑的例子表明，一个丈夫和众多妻子一起生活，并且他对妻子们非常眷恋。他为她们树立雕像，是为了在另一世也紧密相伴。

一妻多夫制当然也不存在！中王国时期的两位寡妇[①]曾被质疑同时拥有两个丈夫，但最后被宣告无罪。

---

① 这两位寡妇是蒙赫特（Menkhet）和卡阿（Kha）。

九
金字塔时代的女法老

我第一次冒险来到吉萨宏伟陵墓的一片渺无人迹的地方，距哈夫拉金字塔东南方大约 400 米，离通往孟卡拉金字塔底部的道路也不远，当时我完全没有想到会有这样一个令人惊讶的发现。诚然，我曾听说过埃及的考古学家塞利姆·哈桑（Sélim Hassan）在 1931 ~ 1932 年冬季发掘并清理出了"第四座金字塔"。而实际上，这是一个规模宏大的石棺，顶部凸起，建在方形基座上，其内侧局部由岩石组成。有两个数据能更直观地说明它的宏大雄伟：底部的侧边长达 40 米，而高度则接近 18 米！

这当然不是一座金字塔，但是可以说是由最好的石匠创造的一座非凡的建筑。其规模让人不禁产生疑问，它会不会是被献给法老的卡的圣物，使其在被埃及人称为石棺的"生命之主宰"中永久重生？

幸运的是，铭文为我们解答了疑问，揭晓了主人的名字①！

---

① 在东南角，一间神堂外部的花岗岩支柱上，有一扇"假门"，这是一个不太恰当的埃及考古学术语，意指一扇可以连接阴阳两世的门。

她的名字是凯内特－卡乌斯（Khénet-Kaous），意为"主宰创造力的女人"。而她最后的归处是一座通往彼世的神殿，被在光线中闪烁的石灰岩块覆盖着，人们只能从一处红色花岗岩铸造的门进入其中。拥有礼拜堂、藏宝室和一间复活室的凯内特－卡乌斯曾是"神的女儿，世人为她完成所有的美好期望"。

她简短的头衔①让人产生了疑问，因为两种可能的译文会导致截然不同的结论。第一种结论是凯内特－卡乌斯是"国王之母"，她生育了两位法老；而第二种结论是她不仅是一位国王的母亲，而且是"上下埃及之王"，即一位执政法老。

如果语言学家们还在为此争执不休，那么鉴于这座建筑的考古背景和规模，我们更倾向于第二种结论。因为它的内部装饰和孟卡拉金字塔类似②，而法老谢普塞斯卡弗（Chepseskaf），即凯内特－卡乌斯的前任或是继承人，也为自己在塞加拉以南建造了一座巨大的石棺。

还有两个要素也能支撑这种结论：关于凯内特－卡乌斯的宗教仪式和她留存下来的形象。数个世纪以来，一个宗教团体③一直以崇拜她的卡来纪念这位享有盛誉的女性，就像纪念那些法老一样。同时，在进入她的领地时，其中一幅她的肖像画向我们传递了关键信息：一个典型的符号——假胡子。这个由动物毛发编织而成的胡子是创世主神阿图姆（Atoum）的遗

---

① 头衔的碑文为"Mout nesout bity nesout bity"。
② 凯内特－卡乌斯可能是孟卡拉（Mykérinos）的女儿。孟卡拉是吉萨平原第三座也是最后一座金字塔的建造者。按照这个推论，她的母亲则是卡梅勒－内比蒂（Khamerer-Nebti），波士顿博物馆收藏了这位母亲的一座雕像，令人叹为观止。
③ 这个宗教团体致力于纪念他们的君主，其所在的村庄占地达六千平方米。

赠。创世主神阿图姆创造了男人和女人，而法老正是他在世间的代表。在担任至高无上的职务时，凯内特－卡乌斯佩戴着假胡子，达到了一种两性的平衡状态，这和在她之后出现的著名的女法老哈特谢普苏特（Hatchepsout）一样。

我们可以确信凯内特－卡乌斯是古埃及的一位女法老。但是今天我们无法得知更多的信息，因为关于古埃及黄金时期的轶事很少流传下来。

十
女司书官

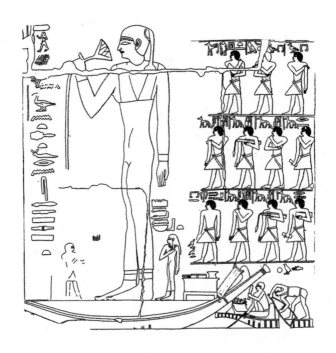

　　伊杜特（Idout）夫人在仆人的陪伴下，乘一叶扁舟去欣赏她的领地，屏息间都是莲花永恒的芳香。船尾放置着一个装司书官物料的箱子，证明她有极强的工作能力。

——出自伊杜特的马斯塔巴墓，塞加拉

在关于古埃及的一些固有观念中，有一种观念近年来十分流行，其影响比得上奴隶制理论。它断言古埃及人是未被教化的，不具备读写能力，仅有极少数的精英享有受教育的特权。即便我们能拿出材料证明当时社会情况与这种说法恰恰相反，抱有成见的人也会说："啊，这……这是一个例外！"事实上，这种认为古埃及人是一群被有文化的暴君统治的文盲的想法，代表着一种意识形态立场，就像其他一切空谈理论的学说一样，满足于自说自话。

如果我们想客观地探讨这个问题，首先必须明确的就是象形文字即"神之语"，这是一种仅在神庙中使用的神圣文字"圣书体"，它注定要被刻在"美丽而永恒的石壁"上。直到法老文明消亡之前，文字符号随着时间的推移愈发丰富，但形态没有发生任何改变，语言结构也未有一丝变化，这种稳定性保证了文字令人惊叹的传承。与此同时，还出现了另一种日常文字，希腊的术语将其称为"僧侣体"，意指它是"神圣的"，但这种文字其实是被用于民间，例如撰写合同、行政文件和信件等。

古埃及人用多种媒介（石块、纸张、木头、皮料等）悉数记载生活全貌。虽然象形文字的艺术，即神庙学，是少数人才能接触的特权，但相对粗浅的书写，经过了多重演变，得到了更广泛的使用。对"僧侣体"的研究，也成为埃及学的一个分支①。

---

① 关于这些主题，参见 C. Jacq, *Le Mystère des hiéroglyphes. La clé de l'Égypte ancienne*, Lausanne, Favre, 2010。

从村庄里的学校到神庙的"生命之屋"，虽然教学场所各不相同，但智者们坚持教育最基础的美德是倾听。学会倾听，就会知道如何发言，从而确保内心平静和人际关系和谐。喋喋不休的人如同传说中的"枯树"①，不懂得倾听的人引起的无休止的辩论枯燥乏味，正是无知的体现。

在揭晓伊杜特夫人的人格特点之前，我们需要知晓的是，不在权力中心任职的女性也能具备读写能力。举一个著名的关于工匠妻子的例子：底比斯河的西岸坐落着隶属于上埃及的德尔埃勒 - 梅迪纳赫（Deir el-Medineh）村，村里居住的都是在国王谷中挖掘和装饰陵墓的工匠家庭。石匠、瓦匠、石膏匠、雕塑工、画师、油漆工都与家人聚居在那里。而他们的妻子们经常写信和收信②。

他们会为什么而担忧呢？比如整理一份清洗衣服的清单，用一块地换一头驴，抱怨朋友的自私或是被朋友忽视，诉说遇到的难处，向别人倾诉妻子的不端行为，叙述种种家庭问题……总之，他们会担忧生活中的各种问题。在现代社会，人们也会遇到同样的困扰，只是形式发生了改变。

伊杜特夫人的乘船之行提醒我们，女人也可成为司书官。这片领地之主、这位古埃及的美艳无双的女人，喜欢身着能勾

---

① L'arbre sec 是一种传说中的枯树，关于它最著名的文字记载来源于马可波罗，这种"枯树"矗立于波斯以北的某处平原上，它象征着东方和西方之间的界限。——译者注

② 参见 J. J. Janssen, "Literacy and Letters at Deir el-Medina," in *Village Voices*, Leydes, 1992, pp. 81 - 94; D. Sweeney, "Women's Correspondance from Deir el-Medineh," *Sesto Congresso Internazionale di Egittologia*, Atti II, Turin, 1993, pp. 523 - 529。Pour les femmes apprenant à lire et à écrire, *RdE* 60, 2009, p. 209 *sq.*

勒出她身材的若隐若现的白色长裙，边嗅着莲花的芬芳，边巡视自己的私产，仔细观察其团队正在进行的工程。她位于塞加拉的陵墓富丽堂皇①，在那些陵墓华美的场景中，她的身形与农民、渔夫、猎人和工匠们对比，显得异常高大。伊杜特夫人是主人，其他人包括司书官在内，需要服从她的命令。她的名字意为"年轻女人"，被尊称为"国王的女儿"。在船上，司书官的办公工具是她绝不离身的设备，包含一个托板、一把石刮刀、一些刷笔、水盂和一些小墨条。

在新王国时期，女司书官主动将书写工具放置在公寓座位之下，表明她们的才干可以永远持续下去。② 奈菲尔塔利（Néfertari）是拉美西斯二世的伟大王后，在她举世无双的陵墓中，我们见证了一场盛大的仪式。奈菲尔塔利接过托特神的托板和用于稀释墨条的水盂，然后通过书写神谕，成为玛亚特女神的代表，而后者是正义与和谐的化身。我们还知道，有一位大祭司的妻子负责撰写阿蒙－拉（Amon-Râ）的莎纸草卷，将仪式记录在纸上③。

托特神（象形文字的创造者）并不是唯一掌管文字的神祇，还有常以头戴七角星冠冕形象出现的女神塞莎特。她不仅掌握让人羡慕的化妆秘诀，而且掌管"图书室"和神庙的图书馆。法老们正是同她一起，通过参阅宗教仪式书籍，诵读书

---

① 参见 B. Macramallah 的出版物：*Le Mastaba d'Idout*, *fouilles à Saqqarah*, Le Caire, 1935。

② 参见 "the New Kingdom", BES 6, 1984, pp. 17-32; "Non-Royal Women's Titles in the 18th Egyptian Dynasty," *Newsletter ARCE* 134, 1986, pp. 13-16, 特别是关于底比斯（Thèbes）的章节：第69、84、147、148、162章。

③ 参见 KMT 5/4, 1994, p. 20。

中的神奇圣语，来建造圣殿。

"受到奥西里斯神、阿努比斯神（Anubis）、伟大上主与君王的尊重与敬仰"，伊杜特夫人穿越通往另一个世界的大门，皆因她掌握了驱散黑暗、通往光明的奥秘。从此之后，这样一位独一无二的女性可以幸福地得以永生，她穿过草原，驻足田野，穿梭在运河上，而无论去哪里，再也不见死亡的阴霾。

十一
女医官

    托特神是智慧之神，管理所有的司书官。画面中鹮首人身的托特神正在向一位女性传授知识。

——让-弗朗索瓦·商博良

　　古埃及医学院在当时享誉全世界，众多的外国治疗师来到埃及进修和学习。幸运的是，一部珍贵的医学文献被留存下来，流传至今。古埃及有大量的医学资料，如今可考的只是其中的一小部分，但这些内容涉及的主题、诊断和治疗方式的多样性已让人叹为观止。同样不得不提的是当时施行的外科手术，从一些木乃伊上我们可以知道，手术取得了积极的效果。对医学资料仔细研究后我们发现，古埃及人在医学领域学识渊博、积累深厚，我们也由此获悉医学上最困扰他们的关于人体的难题：在复杂的人体结构中，多种能量如何畅通地流动[①]？

　　主宰医师们的不是男性神祇，而是一位女性首领：她就是令人生畏的狮首女神塞赫美特（Sekhmet）。她让人恐惧，传播疾病，但也提供治疗疾病的方法。所以说，医学是起源于神学的一种科学，与法术息息相关，尽管这一说法有点贬低医学，但在古埃及人眼中，它也是一种科学。作为光明之神的显灵象征，法术能避免命运的打击并与世间的疾病和邪恶做斗争。医师不能满足于只运用单一技术，他必须将它与有效的法术结合起来施展。

　　医学领域的所有职业都向女性开放[②]，她们要先从事一门专科医学，才能向学科的顶峰——全科医学进发，从而能够对医学有一个更全面的认知。

　　吉萨的一座陵墓揭晓了一位极具天赋的女医师的存在，她

---

① 参见 T. Bardinet, *Les Papyrus médicaux de l'Égypte pharaonique*, Paris, Fayard, 1995。

② 参见 D. Cole, *DE 9*, 1987, pp. 25 - 29。

就是佩舍舍特夫人（La dame Péseshet）①。当时，她被任命为医生总管，类似于如今的卫生部长，而公共健康与卫生是古埃及政权关注的领域之一。像图特摩斯三世这样伟大的法老们岂能不亲自关心公共健康与卫生？"佩舍舍特"这个名字本身的意思是"分享、分隔、裁决的人"，也可以理解为"诊断的人"。佩舍舍特夫人的能力受到了高度重视和赞赏，从而担任了医生总管这份要职。

成为一名优秀的医生的秘诀是什么？答案是：对心脏功能的运行及其运转的了解。这里的心脏指的不仅仅是心肌，而且是被视为生命体的活力中心，激活整个身体的能量源。从这颗"心脏"出发，血管促使体液流动，能量循环确保身体健康。

为了得出合理的诊断并对症下药，佩舍舍特多管齐下，她听心脏音来进行多次脉搏检查，并且会检查皮肤、眼睛状况以及病人的其他体征。

而她的诊疗会以下述三句话中的一句来得出结论：

> 我了解这种疾病，我会着手治疗；
> 我知道这种疾病，我会尝试治疗；
> 对我从未见过的疾病，我无能为力。

佩舍舍特可以参阅许多前辈撰写的医学专著，在此基础上，加入自己的观察和发现，进而丰富和充实了这门科学，并

---

① 参见 H. G. Fischer, *Egyptian Studies* I, p. 71 *sq.*; E. B. Harer et Z. el Dawakhiy, *Obstetrics and Gynecology* 74, 1989, pp. 60–61。

将之传授给子孙后代。她从矿物、植物和动物身上提取药剂，采用药丸、药水、软膏、糊剂、熏蒸各种形式，当然，也没有忽视食疗的重要性，例如，食用肥肉就是针对肺病的一味良方。药典记载下的药品数目可观，但其中许多药品尚无从辨别，某些名称也容易引起误解。从语言角度来举例，我们完全可以认为药品"狮齿""狼嘴"涉及两种动物，而事实上，它们却是植物的名称。如果有博学之士怀有误解，嘲笑埃及人居然用蝙蝠的排泄物来治疗沙眼，那么他们可就大错特错了，因为这个药品里含有抗生素和维生素 A，也是现今疗法中的必备元素。

　　古埃及时期外科、眼科和其他医科的成就繁多，可以说需要用整本著作来记载。而这本献给埃及女性的著作中，妇产科也为人称道。子宫是一位女神的化身，仿佛一束圣光，孕育了宇宙实体和法老①。有许多专著致力于研究"女性疾病的治疗手段"。通过对大量病例进行分析，在做过精确诊断后，佩舍舍特找到了能治愈众多疾病的治疗方法。像文献中证明的一样，她能检测出子宫癌，并与之抗争。

　　尤其值得格外关注的是，虽然父亲－母亲－子女这种家庭构成是古埃及社会的一个重要家庭构成，但女性仍然通过流产和避孕措施有效地控制生育②。由此可见，佩舍舍特夫人已经超前地拥有了现代医学理念！

---

① 参见 M. T. Derchain-Urtel, *Synkretismus im ägyptischer Ikonographie. Die Göttin Tjenenet*, Wiesbaden, Otto Harrassowitz, 1979。

② 参见, *Encyclopédie religieuse de l'univers végétal* Ⅱ, Montpellier, 2012, pp. 586 - 587。一种避孕方法是在阴道中放置浸有椰枣汁、葫芦汁、蜂蜜中刺槐萃取物的棉条，众所周知，发酵的刺槐胶分泌出的乳酸能起到杀精作用。

十二
诞下三位国王的女人

　　河马女神塔沃里特（Thouéris）分管分娩，用其法力促进生育。

——让－弗朗索瓦·商博良

分娩历来不是轻而易举之事。古埃及人认为分娩异常危险，是生死攸关的大事，无论从医学角度，还是法术角度，都需要采取多种预防措施。雷德吉德特（Red-Djedet）夫人的生产过程就是一个突出范例①。

让我们回到第四王朝的末期，萨吉布城（Sakhébou）中，雷德吉德特的丈夫是一位虔诚供奉光明之神拉的祭司②。在那时，没有什么比不孕症更让人难以接受，人们向神明祷告，祈求他们让妻子生育后代。丹德拉是女神哈托尔的圣地，位于上埃及。在那里，人们欢度"胸部开放节"③，确保新婚的妇女在不久的将来能成为母亲，而在梅迪内特 - 哈布（Médinet-Habou）④，新婚的妇女会在有助于孕育的湖水中进行浸浴仪式。

库努姆神（Khnoum），即公羊头的神祇，在女性生育方面发挥了重要作用。他所化身的动物具有强大的生殖力。他也是一个举足轻重的陶器家，用他的陶轮来塑造一切生灵。甚至有人说，为了新生命能顺利从子宫内出生，这个能创造胚胎的陶轮应该被放进女性身体器官内部运作。子宫中孕育生命的过程被视为精心准备的，而怀孕是"完成了一个作品"。

当年轻的雷德吉德特夫人发现被视为"净化期"的月信没有如期而至之后，她感到分外欢喜。但她必须尽早采取必要

---

① Red-Djedet 意思是"奠定永恒之物的人"，译为雷德吉德特。这个范例记载于纸莎草卷中。

② 她丈夫的名字是 Râ-Ouser，意为"神圣而强大之光"。

③ 这个节目在汛期的第三个月。

④ 它位于底比斯河的西河岸，这里埋葬着最重要的创世主神。

的措施：医疗监护，用舒缓及提神的精油做按摩，佩戴辟邪、祛病和摒除一切破坏力的护身符，以确保自己能度过一个幸福无忧的妊娠期。

婴儿的性别可以被预知吗？古埃及人用一种长期使用的方法来回答这个问题，而且这种方法即使在法老文明消逝之后也仍然延续下来。首先准备两个布袋，分别装入大麦和小麦，然后每天以孕妇的尿液来浇灌。如果小麦先发芽，那么婴儿就是女孩；如果大麦先发芽，则说明她会生下一个男孩①。

采用这种方法之后，雷德吉德特夫人得到令人震惊的先知预言，她即将生下三个儿子！这三个男孩的命运注定不凡，他们将成为第五王朝的前三任法老。会不会是光明之神拉为了和她孕育这三胞胎，并将他们培养成对光明之神无限崇拜的君主而附身于这位贵妇的丈夫呢？

尽管有神意的干预，雷德吉德特夫人的分娩过程还是让人担忧。当雷德吉德特夫人被送进"产楼"后，接生婆们急切地让她安下心来。"产楼"的木制立柱依照纸莎草的形状建成，让人联想到广袤无垠的、喷涌出一切生命形态的原始之水。

这座楼阁被绿植环绕，芳香袭人，置身其中能让人忘却忧愁，让即将成为母亲的女人放松下来。她的丈夫诉说妻子正承受的痛苦，焦虑万分。医师们试图使他平静下来，并让他在外面耐心等待幸福时刻的到来。

---

① 《柏林纸莎草卷》第 199 条，G. Lefebvre 翻译，in *La Médecine égyptienne de l'époque pharaonique*, Paris, PUF, 1956。也可参见 Bardinet, *Les Papyrus médicaux de l'Égypte pharaonique*, Paris, Fayard, 1995。

产妇在两名接生婆的辅助下站立着，全身赤裸，头发散开，确保没有任何一个发结妨碍生产。生产过程被称为"脱离身体""来到世间"。接生婆在她的身上涂抹了药油，在阴道里也滴入植物的汁液。然后大家开始祈祷河马女神塔沃里特的保佑，祈求她能赐下"生育之水"。

接生婆们用"坚定的手势和温柔的陪伴"迎接新生儿[①]。他的第一声啼哭让人们松了一口气。一个接一个，三位未来的法老迎来了生命中的第一束光。人们喊着他们的名字，轻轻地把他们放在亚麻长缎上，并立刻在他们的颈间放上护身符，不能因雷德吉德特这一刻的幸福而放松警惕。

死亡之神在游荡。它从阴影中现身，寻找着亲吻婴儿并夺走他们生命的时机。婴儿在摇篮里受到保护，他们的母亲用各种配方[②]和辟邪物[③]，尤其是象征圣灵的陶像来抵御黑暗力量。

休息两周后，雷德吉德特夫人发现她的三个儿子十分健康，在内心深处她知道，先知们的预言终将变为现实。

如果母亲不能喂养自己的孩子，就会寻求乳母的帮助。此外，哺乳被视为一种仪式[④]。而埃及的君主一旦感到能量枯竭，就会饮用宇宙之母赐予的神圣牛奶[⑤]。

---

① 当时，有木制生育椅和生育砖，这些是伊西斯、奈芙蒂斯、努特（Nout）和特芙努特（Nout et Tefnout）女神们的象征。

② 参见 A. Erman, *Zaubersprüche für Mutter und Kind, aus dem Papyrus 3027 des Berliner Museums*, Berlin, Verl. der königlichen Akad. der Wissenschaften, 1901。因为孩子身体的每一部分都对应着一种神明，所以恶魔们无法靠近。

③ 例如，参见 J. Bulté, *Talismans égyptiens d'heureuse maternité*, Paris, CNRS, 1991。

④ 参见 J. Leclant, «Le rôle du lait et de l'allaitement d'après les Textes des Pyramides», *Journal of Near Eastern Studies*, vol. X, no. 2, 1951, p. 123 *sq*。

⑤ 母牛是哈托尔女神的化身。——译者注

十三

女船长

　　在一艘载满货物的货船上，十分娴熟地掌握着沉重长舵的人居然是一位女性！她全神贯注，十分繁忙，没有闲情去品尝船员递来的面包。

——莱普修斯（Lepsius）

　　尼罗河供给埃及使土地变得肥沃的淤泥。它是一条天然的"高速路"，除了在洪水暴发的那几天，其余的日子里，全程都可以畅通无阻。我们今天实在难以想象当时的盛况，河面上大大小小的船只星罗棋布、熙熙攘攘，从体积最小的帆船到能承载阿斯旺采石场花岗岩建造的方尖石塔的巨型货轮应有尽有。

　　从古王国时期开始，造船厂里呈现一片永不停工的景象，众多绘画作品展示了木匠干活的场景。通过在大金字塔附近发现的"胡夫号"，我们可以欣赏到工匠们登峰造极的技术。修复之后的船只在一幢美感平平的建筑物中展出，但至少我们能静静地凝视这个艺术杰作，想象昔日它在天国般的圣尼罗河上航行，承载君主的灵魂驶向天国。

　　操控这样一艘船需要极其精湛的技术，因为这条河诡异多变，而且其中有种种无法预料的陷阱，尤其是沙洲。人们不由得质疑："这份职业难道不该是男性专属吗？"

　　一座位于塞加拉地区、源于第五王朝的陵墓为我们揭晓了答案①。在这座陵墓的壁画中，我们看到了一位女性形象，可惜她的姓名不得而知。她是一艘船的船长兼舵手，这艘船并非一般的船只，承担了运输职能。这位女性的使命是将珍贵的食物顺利送达目的地，可以想象的是，她需要用个性和才华让其他船员"臣服"。

　　壁画中，一位船员向女船长走去，递给她一块面包，象形文字记载了她的话："不要挡住我的视线，我正在靠岸！"

---

　　①　参见 H. G. Fischer, *Egyptian Women*, p. 20。

　　作为经常遇到这种情况的过来人，我可以肯定地说，操控船只通常是格外精细的工作，女船长的确需要集中精神，而不被无足轻重的人分散注意力。这位女船长完全具备令人尊敬的权威。

　　不仅在人世间，女性在彼世也可以担任船长。一副石棺①向我们展示了这样一位女船长，她撑着创世主神阿图姆的帆船款款而去，河面上洒满神圣的光芒，美不胜收。

　　"一只圆睁的眼睛为她护航，一位女性操控一根长长的船篙在探测彼世的河，而她撑起的正是创世主神阿图姆的船。"【出自《葬礼仪式与彼世之行》（*Rites funéraires et voyage vers l'au-delà*），巴黎，Atlas 出版社，2003 年，第 85 页。】

---

　　① 塔－沙邦－孔苏（Ta-shapen-Khonsou）夫人的石棺。参见 *Rites funéraires et voyage vers l'au-delà*, Paris, Atlas, 2003, p. 85。

十四
女首相们

　　埃及的统治体系由三个权力层级组成。第一权力层是国王夫妇，他们坐镇首都，首都的位置会随着王朝的更迭而改变；第二权力层是省长，他负责执行国家政令，但享有一定程度的自治权；而第三权力层的权力集中在城镇或村庄。自上而下，所有级别的官职都非终身制，官员需要履行个人职责，确保群众的福利，首要任务是食品的贮藏和流通。

　　几乎所有行政部门的职位都对妇女开放，她们可以担任众多官员的高级主管，例如，财政监察员或任意领地的长官。从古王国时期开始，国家就设立了一个引人注目的职位，类似于今天的总理，获得这个职位的人是法老真正的"得力助手"，不太恰当地被称为"维齐尔"（Vizir），即首相。这是一个源于奥斯曼帝国政权的外来词，而在这里因带有"科学"意味而被沿用下来。

　　这位维齐尔庄严地宣誓，遵守玛亚特法则，并充分履行职责。他位于权力的顶峰，肩上的责任如此重大。他每天都面临挑战和忧患，感觉如"胆汁般苦涩"。

维护公正是首相的首要职责。诚然，他需要一直保持廉洁清明，但是过于僵化则会受到谴责。曾有一位首相因为害怕被指控腐败，即使亲属具备能力和才干，他仍固执地拒绝所有亲属任职，所以被撤职。

每天早上，国王都会与首相会晤，讨论处理国家的各种问题。"维齐尔"这一词在埃及语中对应的用词"Tchaty"意味深长："Tchaty"原意为"窗帘"，后引申为知晓国家机密而不泄露的人。

那么女性可以担任这一最高行政职务吗？当然可以。史书上记载的著名例子组成了一份有无数姓名的清单。例如，奈贝特（Nébet）夫人①曾担任过首相、法官和政府高级官员的领导，然而她并不是王室成员。不久前，另一位古王国时期的女首相也呈现在世人面前。她是佩皮一世国王的妻子伊内克（Inenek），拥有自己的金字塔，因为她出色地履行了职责，得到了国家和全国人民的认可。人们在她的神庙②前的方尖碑下献上祭品。她的英名受到后世敬仰。

在以大型金字塔著称的古埃及黄金时期过后的几个世纪，在第二十六王朝，有一位女性担任了首相职务：这说明古老的价值观尚未被遗忘。

---

① 记载奈贝特的故事的阿拜多斯碑，出自开罗博物馆，编号 CG 1578。奈贝特夫人是众神的女儿。这些神是：荷鲁斯神（王权的守护者）、盖布神（Geb，大地之神、神明之子）、托特神（智慧和学习之神、司书官的统领）。

② 参见《埃及卷》（*Égypte*）第十二章，1999 年，第 24 页。

十五
为女性而建的金字塔

佩皮二世是一位鲜为人知的法老，尽管他创造了一项非凡的记录——统治时间长达 94 年。换句话说，他是在位年限最长的法老！他在六岁时被授予冠冕，成为国王，这真是前所未闻的情况：这么年幼的孩子掌握至高无上的权力。不过至少我们可以得出的结论是，埃及人没有选错国王。

佩皮二世年逾百岁，在他统治的初期，先由他的母亲①摄政，直到年轻的君主能够有效地管理上下埃及这片土地时，他母亲才将政权交还给他。

古王国时期的最后一个王朝——第六王朝如同以往一样平静、繁荣。幸福的百姓在历史上往往默默无闻，法老时代的古埃及淡化了时间，这期间几乎没有什么故事流传下来以满足现代历史学家们的好奇心。然而，从埃及人的视角来看，佩皮二世在如何对待其若干任妻子方面倒是有些新的举措。既然无论

---

① 梅里雷－安赫森（Méryrê-Ânkhénès）是佩皮一世法老的遗孀。她的名字意为"上帝之光的爱人，愿赐予她生命"。一座她的雕像在布鲁克林博物馆展出，她呈坐姿，膝上坐着幼儿时期的法老佩皮二世却有一张成年人的面孔。

是在精神层面还是现实层面，古埃及都是由王室夫妻共同统治的，那么鳏居的君主就有权寻找一位新的配偶来担任王室尊贵的新任王后。

在第六王朝统治时期，法老的母亲①、妻子和女儿共同享有国王的金字塔——法老的永恒栖息地。人们甚至称她们为"金字塔的母亲"和"金字塔的妻子"。

佩皮二世甚至为他的王后们②建造了专属的金字塔。在她们离开尘世后，金字塔成为对她们长久祭拜的圣地。

王后是"可以看见荷鲁斯神和赛特神的人"，要知道，这一对神祇是宿敌，他们共同掌控宇宙，并存在于法老的生命中；同时，王后是"可以召集这两位天神并使之和谐相处的人"，从而帮助国王确保国家政权的平衡，并保持天地的和谐。因此，伟大的王后的作用至关重要。佩皮二世要让他的妻子们被人们铭记，他让人在她们金字塔内部的立柱上刻下了大量含义丰富的象形文字，整体而言就形成了"金字塔文字"。

这些文字从法老文明开始时便形成，被刻在了石块上，承载了国王和王后们的灵魂，从某种意义上来说，其灵魂确实以文字得到了憩息。在这些文字的描述中，灵魂千变万化，它变成火焰、空气、鸟等，穿越宇宙、承载幻界穿越之舟，最终与众神和星辰交融，并且在其中熠熠发光，永远照亮人类的道路。

---

① 与法老的金字塔类似，佩皮二世母亲的金字塔的立柱上也刻有文字。

② 他的王后们包括奈斯、伊普特（Ipout）和乌杰布滕（Oudjebten）。

　　佩皮二世王后们的金字塔位于国王金字塔附近，这些建筑及其文字构成了一个奉献于永生的建筑群，然而仅凭信仰的力量并不能获得永生，其关键在于要掌握化身为光的秘诀。而在这方面，一如在其他许多方面，女子与男子是平等的。

十六
模范农妇

农田女神和尼罗河神为神殿带来大自然的各种丰富馈赠。

——让－弗朗索瓦·商博良

作为以石器与文字著称的文明古国，法老时期的古埃及也是一个农业强国。在罗马占领上下埃及的时候，古埃及作为罗马的粮仓，在尼罗河淤泥的滋养和人们辛勤灌溉的基础上，出产大量谷物、蔬菜和水果。而女性在农业劳动中发挥了非常积极的作用。

其中一位谦卑的拾穗女代表了古王国时期永恒神殿①中一个不朽的形象。在金字塔时代，受大地主雇用的农夫和农妇有幸可以被刻画在主人陵墓的墙壁上，从而与主人的光辉命运连接在一起。

一位女性可以作为首领负责管理一片广袤的农田，并畜养牛、羊、猪，耕种田地和果园。她端坐在狮足宝座上，呼吸着莲花的香氛，满足地凝视着田园和谷仓②。

而我们的拾穗女已经老去，弓着疼痛的后背，心甘情愿地遵从女主人的指令，因为这位女主人可以为她提供一份合理的收入，足以负担住所、食物、衣服和香料的费用。

出自一个普通农民家庭，我们的拾穗女可以选择一份什么样的工作呢？不可能是一份过于繁重的体力劳动，比如耕地，甚至收葡萄，尽管女性的心灵手巧可以在采摘葡萄时充分发挥。还是打理花园？然而这份工作也需要身强体壮的劳动者，他能够一肩挑起几乎压断脖颈的沉重水罐。

如同其他许多女人一样，这个年迈的拾穗女曾在年轻时双

---

① 它是伊皮－安卡（Ipi-Ânkh）的马斯塔巴石墓，位于塞加拉。J. Vandier, *Manuel* Ⅵ, p. 117.

② 我联想到了女人阿莎伊特（Âshait），她的石棺保存在开罗博物馆内，编号 JE 47267。

手紧握椭圆簸箕参与扬麦。

扬麦需要又稳又巧的技术，扬麦女工要做到将簸箕向空中果断一扬，把谷物远远抛出去。谷物成堆后，筛选工人就可以通过一次次筛选，筛出很多杂质，直到得到令人满意的结果。只有女人们一起进行这项劳动。男人们有空的时候过来帮忙会很受欢迎。

这位拾穗女既是清洁工，也负责打扫打谷场、清除干草。多年劳作之后，她脊椎受损、腰椎疼痛。尽管年岁已大，还要继续劳作，她只能做力所能及的拾穗活计了。她挎着提篮，跟随在挥舞镰刀、收割麦穗的割麦工人后面。她捡起地面残留的麦穗，渐渐装满了篮子。

然而，她居然还会受到指责！人言可畏，她禁不住尖锐地反驳："难道我偷懒了吗？难道我不是每天第一个开工的人吗？"她认为自己理所应当被看作劳动模范，而不是受尽侮辱、背负骂名。作为有尊严的人，她理应得到尊重。

进入暮年，也许在遐想中她看到了另一个世界，那里生长着无比硕大的小麦。人们同样忙于收割、拾穗，但感受截然不同：在那里，疲惫感荡然无存，工作轻而易举就可以完成。而年迈的拾穗女真的应该如此安享晚年。

十七
古王国时期的末代法老：
尼托克丽丝

孟卡拉金字塔虽然是吉萨高原上三大金字塔中最小的一个，却有最宽大的基座，从而给人以泰然自若的感觉。我经常在现场工作一天后，坐在金字塔的某一级石阶上欣赏落日。这种情境使我想起传说中金字塔之灵尼托克丽丝（Nitocris）[①]，她会出现在落日金色余晖的最后一丝光线中。

尼托克丽丝只是历史上一个无法言说的幻影吗？也不尽然。古埃及人遗留给我们众多的法老名录，在一份都灵正典中出现了上下埃及国王尼托克丽丝的名字，其名字的含义是奈斯佳妙女神[②]。

尼托克丽丝何时统治埃及？大约在公元前2184年她开始统治埃及。在佩皮二世法老长期统治以及麦伦拉法老的短期即位之后，就轮到尼托克丽丝登上"活人御座"了。她是第六

[①] 关于尼托克丽丝，参见 *LdÄ* Ⅳ, pp. 513 – 514。

[②] 这里指的奈斯是言语和纺织的创造女神，并非无足轻重的称谓。尼托克丽丝置于此神的保护之下，该女神深存于女性精神信仰之中，也是法老文明之源的重要标记。希腊人把奈斯看作智慧女神雅典娜。希腊学者埃拉托斯特尼（Eratosthéne）把奈斯的名字翻译为"常胜雅典娜"。

王朝和古王国时期的最后一位统治者。在拉美西斯时期的文献中，她可能统治了埃及两年零一个月①。

其他人也提供了关于尼托克丽丝统治的见证。曼涅托（Manéthon）祭司在托勒密王朝时期曾撰写帝国历史，他提及尼托克丽丝法老时写道②：

> 一位女性——尼托克丽丝统治帝国。她比同时代的男性更具勇气，金发桃腮的她比其他女性更加美丽。人们断言她建造了第三座金字塔。

在根据后人演绎的传说中，法老兼建筑总管尼托克丽丝安息在蓝色玄武岩石棺中，该石棺被置于其金字塔内③。

她的美丽和拥有非凡勇气的声望并非空穴来风。尼托克丽丝不得不面临动荡的时局，而这终将标志其王朝的结束以及金字塔时代的终结。

古王国时期是何时以及如何终结的？这些问题很难回答，只有无数假设被不断提出。唯一可以确信的是，中央政权瓦解，一些地方大员自立为藩王。虽然内战加上经济崩溃的末日景象并未真的出现，然而极端天气导致的不计其数的问题仍然存在。

---

① 一些学者认为尼托克丽丝统治了更长时间，大约 6 年至 12 年。

② 曼涅托祭司撰写的《古埃及史》（*Aegyptiaca*）已经不幸遗失，只有在其他古代作家的引用中方可窥见该书的存在。这里是被约赛博（Eusèbe）引用的片段。

③ 尼托克丽丝可能重修了孟卡拉法老的金字塔，这些工程使其赢得建筑总管的称号。

　　甚为遗憾，对尼托克丽丝的考古证据至今一片空白：没有关于她的纪念碑、雕像和铭文。然而她的传说广为流传，和洛多庇斯（Rhodopis）[①] 少女一样，"两颊绯红"的女统治者的逸闻成为传世佳话。当她沐浴时，一只鹰抓走她的一只凉鞋。象征王朝保护神的鹰把鞋放置到孟菲斯法老的膝盖上。君王由此不停地找寻这只迷人凉鞋的女主人，想象她的美貌。

---

① 参见 B. Van de Walle, «La "Quatrième pyramide" de Gizeh et la légende de Rhodopis», in *L'Antiquité classique*, Ⅲ, 1934, pp. 303 – 312；C. Coche-Zivie, «Nitocris, Rhodopis et la troisième pyramide de Giza», *BIFAO* 72, p. 115, *sq*。

十八
主母的崛起

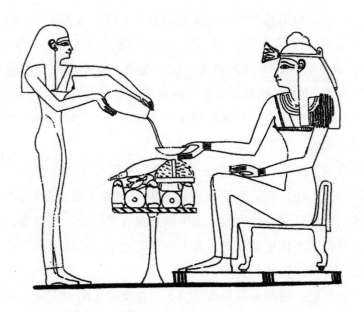

　　坐在矮凳上，衣着优雅，额戴莲花，主母手握杯子让女仆倒满清水，下方的小桌上摆满了祭品。

——出自雷克密尔墓

在古王国崩溃后，埃及历史进入埃及学所指的第一中间期，在此期间法老政权被削弱。随着法老政权的重建及上下埃及的重新统一，埃及迎来了新的繁荣时期。在中王国时期（约公元前2060年—前1785年），法老因统治力强大而广受民众爱戴，为上下埃及的统一奠定了基础。根据保留下来的稀有古迹如建筑、雕塑、文字……与此前的金字塔时代截然不同，一个新的黄金时代到来了。

在核心价值体系中，对女性的尊重不但没有被遗忘，反而更被重视，而且在中王国时期开始出现了"主母"（nebet per）这一称呼。不仅人们赞美这一角色，整个国家都对它欢呼称颂。一位智者表示，善于持家的女性是无价之宝；任何人，尤其是其丈夫，都无权烦扰或批评她。人们唯一合理的态度就是欣赏主母的工作。

在埃及文中，家（per）这个词汇到底有什么含义呢？它既可以指一座传统的三室住宅，其中一间屋子用于祭祀祖先。这种住宅可以是一栋别墅，也可以是包含面包房、啤酒屋、作坊和牲畜棚的住宅建筑群。而不论住宅大小，家庭主妇都要对它进行严格、精细的管理。

对住宅的管理最重要的是卫生。在法老文明中，卫生的重要性如何强调都不为过。卫生事务由国家负责，只有这样才能避免众多传染病的肆虐；而在地方，每隔一定距离就设有烟熏消毒设施。

备齐盥洗室、肥皂、皮肤刮板、牙膏，跨过门槛进屋之前必须清洗手脚：家庭主母在这些原则方面可不会做丝毫妥协。

人们只能穿洁净的衣物。洗衣房繁重的工作由男人承担，他们使用洗衣池，搬运沉重的洗衣包裹。

　　主母的另一个职责是为家庭成员准备食物。古埃及吃什么呢？古埃及人的饮食可以简单地总结为：面包加啤酒。这些源自谷物的固体和液体，是最基本的食物。通过小塑像和浮雕可以看到：女人们在揉捏筛箩中湿润的面团，由此制成多种形状的面包，食用面包时还会搭配比如椰枣甜酒的饮品，这种饮品的口感就像啤酒。

　　菜单不仅限于此。人们还可以品尝到多种鲜鱼或干鱼，尼罗河盛产的鱼就有十几种，其中最著名的鲈鱼的重量惊人。古埃及人吃猪肉、羊肉和牛肉，还食用大量品种各样的水果和蔬菜。葡萄酒也很受欢迎。根据法老统治的年份不同，按照通常的标准，葡萄酒分为较好、很好、非常好以及年份酒等不同级别。

　　在第二王朝的一位女性陵墓中，人们发现了做了防腐处理的一餐食物，包含一种大麦做的粥、一只烤鹌鹑、猪腰、鸽肉炖菜、鱼、牛排、圆面包、蛋糕、浆果和无花果果酱。

　　多亏家庭主母的精心照料，家人可享用大量美食。主母去市场购物时可以毫不手软地放开议价，在以物易物时占尽优势。而当主母管理拥有众多雇工的大型农场时，常会设置一个准确的服务公告栏，要求大家严格遵守其中的规定。上天都不得不赞叹主母的管理才能。

十九
女仆，并非奴隶！

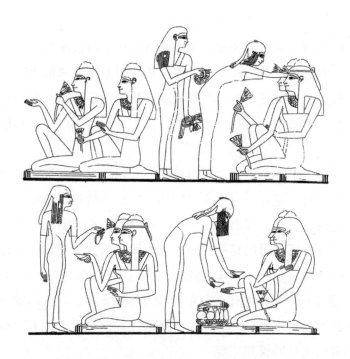

　　在节日的盛宴上，精致典雅的女主人被女仆们精心服侍着。女仆用象征复活的莲花装扮女主人，并献上小瓶香水和美酒。她们共同欢度愉悦的一天。

——出自雷克密尔墓，底比斯城

"完美话语如绿宝石般难寻踪迹，我们却能时常从石磨边劳动的女仆口中听到。"这是古埃及智者普塔霍特普的第一条箴言，它为我们定了调：劳动者是被雇佣者、服侍者，但不是奴隶。

我首先提出且不断重申以下观点：奴隶制在古埃及从未存在过。玛亚特法则的实施使奴隶制无法存在。在那些愚蠢而不乏意识形态偏见的好莱坞影片中，经常展现成群的古埃及奴隶被毒打或鞭笞的场景。如何驳斥这种偏见令人大伤脑筋。而一些学识渊博的人仍在添油加醋地传播那些貌似科学的错误观点，他们把"hem"一词翻译成奴隶，而事实上应该译作"仆人"或"待从"。第一位 hem 就是法老本人。他是"神的仆人"。

在古埃及，无论男女，没有一位劳动者被视为一个物件，或者一个被剥夺灵魂或自由的个体，可以随意买卖。劳动具有崇高的价值，这是基本的社会价值观。无论是在浮雕、绘画还是雕塑作品中，都可以看到古埃及人对最下层劳动者的重视和尊重。女性也没有被忽视，许多女仆形象永远与主人联系在一起。

艺术品和文字使我们清晰地了解法老时代的劳动方式。虽不使用货币，但是与某种金属本位挂钩的固定实物工资概念是存在的，所有劳动者都领取报酬。

即使平凡的女仆，亦能拥有财产、嫁给心仪的对象、让指定人继承财产。她们可以自由迁徙，也有权终止不合心意的劳动协定。

雇用临时劳力是很常见的做法，例如需要临时付钱雇用一个女仆做几个小时或几天的家务。这与奴隶制毫无关系！雇用劳动力的价格是开放的，有时甚至是高昂的，如仆人临时工作四天就能得到一头牛！曾有一个来自叙利亚的外国女仆向雇主要了六个铜盘、一些衣物、一条毯子和一罐蜂蜜，才愿意准时劳作。

关于劳役的规定是埃及法律一个独特的规定。当尼罗河水泛滥时，耕地被水淹没，农民只好停工。国家招录他们到各大工程现场去工作，并提供住宿和报酬。这种以工作时长折算的劳役也是一种缴讫税收的方式。

有一位农妇苔蒂（Téti）宁愿逃跑也不愿履行劳役职责。执法人员将涉嫌同谋的罪犯家属监禁起来。苔蒂决定向当局自首。她被处以加罚额外劳役时日的惩处。

值得注意的现象是，每个人都只对自己的错误负责。妻子不会因其丈夫的不端行为受责罚，也绝不会因此遭受牵连。如果孩子的母亲被判从事公共体力劳动，她不会被要求与其幼子分离。

只有一些关在绿洲苦役监牢的罪犯和未达获释刑期的战俘是被强迫劳作的对象。强迫他们劳作比单纯关押更有意义。其中很多人留在埃及，结婚生子、用埃及名字，甚至少数人担任了高级职务。

古希腊、古罗马曾存在奴隶制，法老统治下的埃及却不在此列。

二十
美的缔造者： 女造型师

爱与美的女神哈托尔将青春永驻的项链进献给国王。

——让－弗朗索瓦·商博良

在古埃及，当女造型师可不是一件容易的事情。女性希望像女神哈托尔一样光彩照人，以表示对这位女神的敬意，因而全能的专业女造型师显得尤为重要。

伊内努（Inénou）就是其中一位，被称作"能量提供者"。她的形象因布鲁克林博物馆的一幅浮雕而永存下来。中王国时期的埃及仍忠实于金字塔时代确立的美感、魅力和优雅的传统，而为数众多的考古文物①和文字证据使我们得知像伊内努一样的专业女造型师的工作职责。

因为与女神哈托尔紧密相关，伊内努的工作不只有世俗的内容。让女性优美动人，就是让其分享女神的光芒，并且让女性的身体本身成为美的集合体和一种表现形式。

为精心护理女性的一头长发，伊内努掌握了五花八门的技巧，使用各种假发来美化女性形象。她从容地运用各种复杂的发绺、发辫、辫带，什么花式都难不倒她。她能够满足女顾客的各种需求，根据她们的脸型设计发型。伊内努用诸如蓖麻油等护理品来保持头发的健康。医学专论中甚至有一个章节专门谈及毛发护理。她有一些秘方专门用来治疗秃顶和脱发，另有一些染色剂用来遮盖可怕的白发。一个女人对另一个女人能想象到的最恶毒的诅咒就是诅咒她失去秀发。

伊内努拥有大量美容用品，并把它们井井有条地摆放在用金属和象牙装饰的精致箱子里。在用梳子、别针和脱毛镊子对女顾客进行一番精心护理之后，伊内努就要挑选香水了。

制造香水是古埃及的一大特色。大型神庙中的人在香水制

---

① 例如，保存在开罗博物馆的卡乌伊特（kaouit）公主的石棺，编号 JE 47397。

作工艺方面拥有非凡的技艺。与人们的长期认知相反，埃及香料不仅由用油料浸泡芳香植物制成。幸得神堂遗存的文献，我们发现了大量未知香料，其中一些尚未被验明。众所周知，香水和生命气息及灵魂重生紧密相关。实际上，埃及香水制造者工作的复杂程度和科技含量非常高。

伊内努或许选取了一柄脂粉匙[1]，形如裸体女泳者，双臂伸展于身前，象征穿越原始之水的天空女神。伊内努施以一种墨绿色膏粉，这种物质据称可以清洁神灵的面颊，治愈荷鲁斯的眼睛使其健康无疾。伊内努给女性的化妆过程兼具美感、神性象征意义和疗效。说其具有美感，我们可以从欣赏古埃及的女性中可以直观感受到；说其具有神性象征意义，是因古埃及女性具备神性；说其具有疗效，是因为那些膏粉保护眼睛免受多种疾病感染。

根据最近的一项发现，这些品种多样的化妆膏粉不是简单以铅、锰和铜为基本配方，古埃及的化学家们通晓如何制造有效消除皱纹和疤痕的合成制品[2]。

发型、香水、化妆、脂粉……然后便是服装了。亚麻是古埃及服装的首选材质，从供王室使用的上佳质地到普通百姓选用的一般质地的材料应有尽有。古埃及女性永不过时的至爱——背带紧身裙凸显了女性的曼妙丰润的曲线。后来还出现了百褶裙和轻盈透明的面纱。

---

[1] 脂粉匙的造型各异：演奏鲁特琴的女音乐家造型、持花的小姑娘造型、少女荡舟在盛开莲花和纸莎草的水面的造型。

[2] 参见 2001 年 4 月刊 l'X, no 564, avril 2001, p. 39 sq. 当时的实验室主要提炼角铅矿和羟氯铅矿。

　　内衣是什么样子呢？是一块三角形的缠腰布。冬天寒风刺骨，人们有披肩和羊毛大衣可以御寒。古埃及人主要穿凉鞋，从纸莎草编的基本款式到昂贵的带装饰的皮凉鞋一应俱全。

　　伊内努又怎么会忘记最不可或缺的装饰品——珠宝首饰。首饰的品类非常齐全，戴冠、耳环、项链、吊坠、手镯、戒指等不一而足；用料非常考究，从黄金、红玉髓、紫水晶、绿松石、蛇纹石到其他等级宝石应有尽有。这些宝物护佑美女们免遭恶魔侵袭，并为她们的生活平添生趣。

　　最后，终极的考验是梳妆镜。埃及象形文字中镜子（ânkh）的意思是"生命"。当女顾客从镜子里欣赏自己时，会满意造型师设计的造型吗？她会认为自己配得上做女神哈托尔的女儿吗？这些抛光金属圆盘被视作太阳的化身，能够映射星空的璀璨光辉。这些镜子也会被用在神庙的庆祝仪式上。

　　镜子，我美丽的镜子……经过精心梳妆、香薰、服饰装扮后的女人容光焕发，如晨曦般光彩夺目。她眼明似秋波，指灿若莲花。即便她的美如昙花一现般转瞬即逝，那也能使女神哈托尔永世长存之美降临人间并芳泽永驻。

二十一
洞悉至高奥秘的女性

面对着神庙大门，两位洞悉至高奥秘的女性点燃了三道圣火，以此唤醒处于死亡黑暗中的生命。

——让－弗朗索瓦·商博良

中王国时期，位于上埃及的阿拜多斯圣地的规模持续扩大，引人瞩目。它没有发展成为经济中心，而成为精神圣地，人们在这里举行对奥西里斯奥秘的崇拜仪式。从第一王朝开始，此城已经占据了重要地位，奥西里斯的奥秘与传说自此形成——他不幸丧命于兄弟赛特之手，之后被自己的姐妹，也是妻子的伊西斯救助复活。这使人确信，只要能洞察至高奥秘，认识其终极意义，并且成为奥西里斯一样的人，爱与智慧就可以战胜死亡。

中王国时期的法老们特别重视阿拜多斯圣地，尤其是塞索斯特利斯三世，这位法老面目庄严，耳朵硕大，因为他需要日夜聆听人民的心声。举行奥西里斯奥秘仪式的神庙规模日益扩大，洞悉了奥秘的圣徒们拥有庞大的建筑群来举行奥秘传承的神圣仪式。

关键问题是：仪式中有女性参与吗？答案是肯定的。再者，如果一个男人的永恒是奥西里斯神的永恒，那么一位女性在完成奥秘传承仪式后，会兼具哈托尔女神和奥西里斯神的能力。

其中的一位女性尤其值得一提，一份独特的文件昭告了她的存在：塔尼（Taniy）夫人，她的名字大概意为"从邪恶中解放的人"。像诸多与她一样洞悉至高奥秘的圣徒和朝圣者一样，她也有权在阿拜多斯圣地立下不朽的石碑。这些令人感触颇深的石碑是至关重要的历史见证，如今散落于世界各地的博物馆。属于塔尼夫人的石碑破碎成了两块，但如今人们成功地将它修复好，真不愧为一个小奇迹[1]。

---

[1] 参见 H. de Meulenaere, «Retrouvaille de la dame Taniy», *Pyramid Studies*, 1988, pp. 68 – 72。

　　塔尼夫人的碑铭究竟向我们传达了什么信息？首先，塔尼夫人是个性格外鲜明的人，这意味着她不仅有强烈的个性，而且有极高的领悟力，能够接受教育并将学到的知识付诸实践。这些天赋与能力让她脱颖而出，受到了王室夫妇的关注，最后成为他们的随从。法老也看中了她的诸多优点：她话语精辟，措辞准确，尊重玛亚特法则。她享有"随行尊者"①的地位和君王们的爱戴，平日经常收到礼物。

　　作为"被国王认可的人"，塔尼夫人被允许前往阿拜多斯学习奥西里斯神的至高奥秘仪式。她的石碑上雕刻的文字非同寻常，因为这些文字描述了一些宗教仪式的时刻，古埃及人通常对宗教典礼守口如瓶，世人将各类分散的文献组合在一起，才能从中窥得一二②。

　　在到达阿拜多斯后，塔尼夫人被带到"神帐"里，接受"净身礼"，就像法老每天早晨所做的那样。她的视野被无限放大，她终于能够目睹并参与奥西里斯复活的神圣仪式。当凝视奥西里斯的木乃伊时，她也在直面死亡。一夜守灵仪式结束

---

① "尊者"对应的词是"imakh"，字面意思是"沐浴在光之中的人"，换句话说，就是达到了人类最高精神境界的人。与一种不断被提及的错误认知相反的是，这个单词不仅适用于被奥西里斯神认定正直的往生者，同样适用于仍身处尘世的那些洞悉他的至高奥秘的人。此外，塔尼夫人表明，"我是一个有良好品质的人。我所提出的神的仪式都是为她完成的"。这是仅针对女性长老的惯常表达。另外，最近人们在一处具有极大象征意义的遗址中发现了另一位女性长老（伊巴赫特）。这处遗址是厄勒-柏尔舍（el bersheh）中埃及时期托特神大祭司们的集中陵墓。这位女性长老被赐名为"Djehoutinakht"，意为"托特神是胜利者"，法老授予她一个极高的头衔，并赐予她一处长眠之地。（参见 H. Willems, *Les Textes des sarcophages et la démocratie*, Paris, Cybèle, 2008, pp. 85 – 86。）

② 参见 C. Jacq, *La Légende d'Isis et d'Osiris*, Paris, MdV Éditeur, 2010。

后，漫长的复生过程在她眼前揭开了神秘面纱，这是真正的通灵法术，能起死回生，也把知晓奥西里斯奥秘的信徒们转化为"奥西里斯"。

在经历了这些考验之后，塔尼夫人透露她登上了奥西里斯的小船，这是一项重要仪式，确保她从此能与人共享奥西里斯的永恒。她自此归于奥西里斯信徒的阵营，与同道们一齐捍卫神圣的船不受赛特追随者的攻击，以避免船只遭其摧毁。

在敌人们被击垮，邪恶也随之远离了神庙后，塔尼夫人从奇妙的光明之神的光辉中款步走到美丽的平原上，参与神职仪式的人们将被称为"生命融于你"的植物伸向她的眼睛、鼻子和耳朵，在她的身上涂抹"天之兄弟"的香膏。伟大的天神荷鲁斯，在织造女神的帮助下，为她穿上圣袍——一条洁白的吊带长裙。她头戴一顶短假发，上面点缀一串硕大的项链，项链象征着负责创造永恒世界的九柱神祇。她被引领到奥西里斯以及他的妻子伊西斯和他们的儿子荷鲁斯面前。那时，她开始呼吸，她的眼睛也可以视物。

塔尼夫人宣称自己是"忠诚的信徒"，所以能战胜死亡，在彼世的天堂中重生，因此受到奉养她的卡的男女仆人的敬仰，他们通常把她和奥西里斯神的节日联系在一起。

如果要列一份洞悉至高奥秘的女性清单，需要不计其数的纸张才能承载这些姓名！想想赫努特 - 乌得杰布（Hénout-Oudjébou）夫人，这位"慷慨的主人"，她石棺①上的文字宣

---

① 这个石棺被保存在华盛顿国家艺术画廊，圣路易市。E. Delange, *Aménophis III, le Pharaon-Soleil*, Paris, RMN, 1993, p. 270.

称她身处不朽的星辰中，与之相伴，永不消失。塔乌阿乌（Taouaou）参与洞悉神明至高奥秘仪式的过程被托勒密王朝时期①的纸莎草卷呈现出来，让人大开眼界。这位曾经在神庙任职的音乐家，被所有神明认可，不论男性还是女性神祇都喜欢她。这是自我膨胀抑或妄想症？当然都不是！这些神不是信仰的对象，而是了解的对象；他们是可以被我们觉察和解读的创造力量，并且我们由此可以感知他们的灵魂。

从埃及文明开始直到消逝，女性都洞悉神明的至高奥秘，参与维持神明在世间永存的神圣仪式。一位仪式参与者的经历就是例证，这位底比斯地区的女圣徒为这次永恒的旅行做好了充足的准备，她进入了宇宙主宰的神秘宫殿，逐渐被引向神明的灵魂。②

---

① 参见 J. - C. Goyon, *Le Papyrus du Louvre no 3279*, Le Caire, 1966. 5。"塔乌阿乌"这一名字可能意为"远方的女人"。

② 内斯 - 塔 - 内杰尔 - 滕（Nes-ta-Netjert-ten）夫人（公元前三世纪），参见 T. Mekis, *CdE*, LXXVI (171 - 172), 2011, p. 41 *sq*。

二十二

乱世之前的女法老： 塞贝克诺弗鲁

中王国时期埃及呈现一片盛世安稳、欣欣向荣的景象。它体现在长久的统治、高效和受人尊敬的中央政府、富裕的行省、璀璨的建筑与文学成就，以及选择一位女性担任法老。她诚然不是第一位女法老，却是第一位拥有完整王衔的女法老，五个王衔界定了她的统治，最后一个是她统治的名称，塞贝克诺弗鲁①，即"塞贝克的极致美丽"。

谁是塞贝克？塞贝克是鳄鱼神！当你凝视她时，恐怕无法发现美。不过埃及人不是从审美角度出发，而是从象征性的角度出发；神圣的鳄鱼神统治着埃及一个天堂般的省份——开罗西南部的法尤姆（Fayoum）。在王国统治下，大型灌溉工程把法尤姆变成了一片青翠绿洲。而令人生畏的塞贝克被认为是一

---

① 塞贝克诺弗鲁（Sebeknofru）有五个王衔。第一个王衔是荷鲁斯（猎隼神，王室的守护者），是"受光明之神拉宠爱的人"；第二个王衔是塞贝克，含有两个君主名（上下埃及、两色王冠之地委派的女神），她是"力量权杖之女、上下埃及的主宰"；第三个王衔是金荷鲁斯神，是"稳定王权的人"，又或者"王位很稳固的人"；第四个王衔是上下埃及国王的名字："塞贝克是光明之神（拉）的力量源泉（卡）"；第五个王衔为光明之神女儿的名字："塞贝克的至尊美丽"。要知道，女法老被认定为雌性猎隼（女性荷鲁斯）和拉的女儿（而非儿子）。

个伟大的、能使土地变肥沃的神，她能让太阳从海底升起并让自然充满生机。被视为一条"大鱼"的鳄鱼神在这个地区被一群祭司所保护、喂养和尊崇。作为"法尤姆的塞贝克"，这位女法老法力无边，她让光明从黑暗中升起使国土春意盎然。

我们初步认定塞贝克诺弗鲁是王室的一员①，但对她记载在王室列表里的统治年限仍存有疑问。根据都灵纸莎草卷，她的统治时长为三年十个月二十四天，但是有的学者更倾向于五年。

如果说权力中心是法尤姆，人们在当时的入城处就建起了一座座神庙和金字塔，法老塞贝克诺弗鲁则拥有对上下埃及的完全统治，从尼罗河三角洲北部到南部的努比亚（Nubie）的考古遗址就足以证明这一点，这些地区属于埃及军队的势力范围②。

一座不幸残缺的雕像③呈现了塞贝克诺弗鲁作为法老的形象。红砂岩雕像仅剩上半身，腰带上写着她的名字，女性的胸部、优雅的褶皱裙、王室专用缠腰布……毫无疑问，雕塑家希望将她的女性形象和至高权力融为一体并展现出来。与传统一脉相承，当一位女性成为法老的时候，她既是女人又是男人，是一位女性荷鲁斯神。

---

① 一段源于法尤姆的碑铭记载，她"为父亲建造了一座纪念碑"，我们从中推断出，她是阿蒙涅姆赫特三世的女儿，但是碑文上的父亲也可能特指某位神明。

② 在塞贝克诺弗鲁统治的第三年，碑铭上详细记载着"在上下埃及尊贵的塞贝克诺弗鲁法老的统治下"，由此，我们了解到努比亚地区塞姆纳遗址处尼罗河上涨的高度。须知曾有一尊塞贝克诺弗鲁的雕像在以色列被发掘，这仅仅是文化输出，或者在当时，埃及对该地区已经有了某种程度的控制？

③ 该雕像展于卢浮宫，编号 E 27315，来源未知。

发掘于尼罗河三角洲地区，塞贝克诺弗鲁的雕像以经典的姿势呈现，坐在王座上，脚踩"九把弓"（这可能代表着埃及的敌人，或是向神明献祭的器皿）。在雕像中，她甚至采用狮身人面像的造型，其功能是保卫神庙远离负面影响和世俗的亵渎。显而易见的是，那时为王室制作物品的作坊不停运转，创造了大量关于他们统治者的肖像。

毋庸置疑的是，塞贝克诺弗鲁建造了属于自己的金字塔，这是一堆建筑群的制高点，为了奉献给她永恒的卡。① 在她去世时，必须指定一位新的法老，同时一个神职人员的仪式团体每天悼念她。

对埃及人来说，这还算不上一次"世界末日"。真正的世界末日是：第一次外族入侵埃及，一部分埃及领土第一次被外族占领。入侵者粗暴地结束了塞贝克诺弗鲁政权，光辉的中王国时期结束了。

大约在公元前 1785 年，喜克索斯人（Hyksôs）中的战士、农民、游牧者聚集于富饶的埃及，开始攻占尼罗河三角洲地区。塞贝克诺弗鲁的军队试图抵抗，她统领军队作战。她是否在战争中牺牲了？没有一丝线索能回答这个问题。唯一的结论是：塞贝克诺弗鲁自此无影无踪，黑暗笼罩了埃及。

---

① 这一建筑群整体名为"塞贝克诺弗鲁掌握权力（sekhem）"，人们猜测她的金字塔建在孟菲斯城以南的美兹哥哈纳地区，不过并不能确定。

二十三
自由王后

　　一位头冠星辰的女性手持力量权杖，杖首为赛特神头部形状，绘有永生之符"安卡"。这代表着年轻女王的天赋的权力。她带领埃及人民从侵略者手中夺回了自由。

三只金蝇是埃及至高无上的装饰，只有骁勇善战、能力卓绝的战士才能用三只金蝇作为装饰，因为他们如同让人困扰的蝇虫一般，总是不知疲倦地重新投入战斗。这三只金蝇的荣耀没有赐予强壮的年轻人，而是属于一位非凡的女性雅赫霍特普（Iâh-Hotep）王后①，埃及的"圣女贞德"，她在埃及自由解放和驱逐喜克索斯侵略者的进程中起到了决定性作用，后者侵占埃及的部分领土长达两个多世纪。

历史是被排除在埃及思想体系之外的一个学科，它常常被歪曲，甚至不被客观公正地对待。尽管雅赫霍特普做了诸多贡献，她仍是这种现象的受害者之一，她的贡献一直被忽视和低估。的确，一些历史学家坚持自己的理论，而不是听取古埃及人的证词，他们倾向于淡化喜克索斯人占领时期统治的严酷程度，然而当时那些屈服于暴政的人民对他们恨之入骨。这些侵略者们难道不是光明之神拉的敌人吗？难道不是杀害奥西里斯神的赛特的门徒吗？部族的领袖们为了捍卫手中的权力而不得不争斗，所以喜克索斯人满足于盘踞在北方，而在南部各省遭遇反抗势力的抵抗，尤其是来自底比斯地区的力量。

底比斯是雅赫霍特普公主出生的小城，她的名字意为"满月"，我们可以理解其本名为"战争"（Iâh）与"和平"（Hotep），因为在埃及人眼中，月亮代表男性与战争的神祇。

---

① 我在《自由女王（卷3）》一书中描述了她的不凡经历，她葬于德拉·阿布·纳迦地区的一处陵墓中，处在底比斯的王室陵墓区。参见 *La Reine Liberté* (3 volumes), Paris, XO Éditions, 2001–2002。同时，除了三只金蝇外，有另外两样象征"战士"的物件强调了女王的军事角色：一把金匕首和一柄包金的雪松柄战斧。参见 M. Eaton-Krauss, «The Coffins of Queen Ahhotep, Consort of Seqeni-en-Rê and mother of Ahmose», *CdE* XLV/130, 1990, pp. 195–205。

她是那对执政夫妇的女儿①，在未被占领的领地上，她嫁给了一位性情激昂的年轻人赛科内尔（Séqenenrê）②。夫妇二人拥有同样坚定的信念：将喜克索斯人驱逐出埃及。

尽管身为两个儿子的父母，但他们将天伦之乐抛在身后，全身心投入解放战争的准备工作中。他们的做法令人难以置信。人们很难相信底比斯地区的一支小规模部队能战胜强大的喜克索斯人的军队。

在妻子的坚定支持下，赛科内尔决定发动进攻。公元前1570年前后，他吹响了收复领土的号角。最初的对抗极端惨烈，勇敢的赛科内尔在战斗中不幸丧生。多亏了人们虔诚地保存他的木乃伊，我们才得知了他的英勇故事。那些用防腐香料保存尸体的人并没有掩去他的伤疤，这些伤疤珍藏着一个勇敢战士的回忆，而这名战士是为国捐躯的。

这样的不幸可能会使大多数的遗孀气馁，但雅赫霍特普并没有一蹶不振。他们的长子卡摩斯（Kamosé）③ 抓起父亲遗留的火把继续战斗。

喜克索斯人察觉到了危险，他们不得不采取新的战略：谋得努比亚人的帮助，对底比斯人进行钳制围攻。喜克索斯人在北，努比亚人在南，反抗者们面对被碾压的命运。

他们完全错误预估了王后的警惕和决心：她让自己的儿子带队冲往北边，而她下令军队在象城加强南部边界的防御工

---

① 雅赫霍特普是塔阿（Taâ）和特提舍丽（Tétishéri）的女儿，她可能是第一个发动解放战争的人。

② 这个名字意为"为了光明之神而勇气倍增的人"。

③ 卡摩斯意为"力量诞生"。

事，阻挡努比亚部落涌入城中。

双线御敌的战术成功了！在雅赫霍特普牵制努比亚人的同时，卡摩斯势如破竹，连战告捷，将胜利带到了一处又一处被喜克索斯人势力盘踞的地方。

但是中心防御地还未被攻克，尼罗河三角洲地区的阿瓦里斯（Avaris）是入侵者的根据地，也是无法攻占的堡垒。卡摩斯的围攻失败，尽管并没有明确消息传来，但我们可以猜出卡摩斯并未在袭击中幸存。身为寡妇，长子失踪……但雅赫霍特普绝不轻言放弃。而她的次子年纪太小，不足以上战场，士兵们的士气也逐渐衰弱。因此，她成为军队统帅，稳固了军心。一篇精彩绝伦的文章记录了她的举动：

> 向三角洲地区的这位夫人献上诚挚的礼赞[1]，她的名字在王国内外都受到尊崇，她统领千军万马，以智慧照护埃及。她与她的军队互相守护。她让流亡者回乡，让分裂者团结；她使上埃及祥和安宁，叛乱得以平定[2]。

这是这场战争的转折点。雅赫霍特普有效避免了军队溃散，将所有人凝聚起来，此后目标只有一个：夺取阿瓦里斯堡垒。她的次子雅赫摩斯一世[3]完成了这项任务，并驱逐了仅剩

---

① haou-nebout 岛在此处被描述为"北方的岛屿"。这句话表示尼罗河三角洲地区的水域因为雅赫霍特普而被收复。

② *Urkunden* Ⅳ，21.3－17。为了纪念自己的母亲，雅赫摩斯一世在卡纳克神庙竖立了纪念碑。

③ 雅赫摩斯一世是"月神之子"，源于他母亲的战士特性，也是"蜕变的巨人、底比斯地区的公牛、统一了上下埃及的人。光明之神拉是其力量的主宰"。

的喜克索斯人。

埃及自由了，这是属于雅赫霍特普的胜利。她名字的第一部分"战争"自此完成，而第二部分"和平"迎来了新王国的诞生——十八王朝是埃及历史上最辉煌的时期之一。这个非凡的成就应该归于底比斯和它的保护神"阿蒙"（Amon）——"隐藏者"。同时，这座普通的南方小城从此成为上下埃及的首都，新王国的法老们不懈地美化它。底比斯对应的埃及名称是"Ouaset""力量权杖之城（ouas）"，为女神们所推崇。这样强大的精神与物质力量导致了卡纳克神庙的不断扩张，在底比斯地区诸多神庙中，它是独一无二的那一座。

尽管教科书上并没有认可雅赫霍特普王后的作用与功绩，但她改变了古埃及的命运，为"新黄金时代"的到来创造了条件。

二十四
黑王后？

　　作为建筑师的崇拜对象，画像中雅赫摩斯－奈菲尔塔利
（Ahmès-Néfertari）王后皮肤黝黑，象征着复活这一过程。

　　　　　　　　——出自底比斯基内布陵墓，第二十王朝，

　　　　　　　　展于伦敦，大英博物馆，编号 EA 37994

对于长时间徘徊在古老的底比斯河西边，探访那些陵墓的幸运儿们来说，一个细节让他们感到无比困惑，这些永恒的栖息之地因生动明亮的色彩变得鲜活起来，没有丝毫死亡的气息，让人不禁探究：其中这位反复出现、明显受人敬仰的黑皮肤女王是谁？

在第十八王朝来临之际，埃及人正在同努比亚人抗争，抵御这些喜克索斯侵略者的同盟们，这样一位努比亚女性可能登上埃及至高无上的王座吗？

当然这绝无可能，而且有确凿的证据：透过雅赫摩斯－奈菲尔塔利王后被藏匿的木乃伊①，我们得知，这位于松柏之寿去世的特殊女性确实皮肤白皙。

那为什么选择以黑皮肤来展现她的形象呢？在古埃及，白色是服丧的象征，而黑色毫无任何负面的特殊内涵。恰恰相反，黑色让人联想到肥沃的淤泥和慷慨的土地，它们赐予人们生命。胡狼头人身、身着黑袍的阿努比斯神是木乃伊的创始者，是引领无罪的灵魂通往另一世界的向导。同时，当奥西里斯神变为黑色时，象征他神奇的炼金术具有起死回生的魔力。

继承了埃及时代的象征，中世纪突出了黑人圣女的形象，浮现出伊西斯女神怀抱婴儿期的荷鲁斯神，让光芒从黑暗中喷射而出。

这位王后究竟是谁？她被当作历经外族统治后埃及复兴的

---

① 1881 年在哈特谢普苏特神庙发现了王室的藏匿处。王后的木乃伊躺在一个巨大的石棺里，大约四米长。其中有两种生命之符 ânkh 和一顶竖着两根羽毛的假发，它们象征光明之气与创造之火。

象征，没有她，埃及的复兴可能早已沦为空谈。

首先，她的名字意为"月神之女，美丽如伊"①。她与雅赫霍特普的传统一脉相承，但发展了"美"的概念，即对于"néfer"这一词的不完全阐释，"néfer"蕴含完美、善良的意思，也意指完全成功并能从中孕育出新事物的作品。

关于雅赫摩斯－奈菲尔塔利王后的出身与家庭，没有确实的史据可考，而她并不需要身为王室的一员，才能成为第十八王朝首任法老的妻子。这位法老雅赫摩斯一世的名字意为"月神之子"，他是与喜克索斯人战争中的获胜者。

雅赫摩斯－奈菲尔塔利王后和她的法老丈夫很长寿，生活其乐融融，并且共同抚育了很多孩子。她的思想和行为深深地渗透到了新生的王朝，而她的长寿正是她影响力的关键之一。

对祖母的爱

如果说雅赫霍特普扮演了类似"圣女贞德"的角色，那么部分原因则出自她母亲的决心。她的母亲特提舍丽被看作国家的祖母，性格被淬炼得坚强无比。她是新王国未来女王们的榜样。

作为大王后，雅赫摩斯－奈菲尔塔利决心以特别的方式向她致敬。

---

① 后人习惯把雅赫－奈菲尔塔－伊利（Iāh-Nééret-Iry）称作雅赫摩斯－奈菲尔塔利。她名字的第二部分奈菲尔塔利（Néfertari），意为"美丽一如她，美丽归于她"，拉美西斯二世的大王后也用奈菲尔塔利作为她的名字，我们在下文会提到。

特提舍丽纪念碑地址的选择非常重要。阿拜多斯既是奥西里斯神的王国，也是复活仪式的圣地。为了纪念这位独一无二的祖母而建造的纪念碑同样非同凡响、无与伦比。信徒们在一座金字塔和一间神庙里供奉她的卡。

纪念的倡议由特提舍丽的孙子雅赫摩斯国王提出，他本人非常尊敬他的祖母。在阿拜多斯发现的一块石碑记载了君王与他的妻子之间的对话，他们在对话中共同决定建造这些纪念碑。

对这对夫妻来说，尊重祖先是最重要的事，尤其是尊重这位堪称典范的祖母，在每一个盛大的节日里，她的祭坛都必须装满丰富的食物。这样能使她的祭桌恢复活力，同样能够维持尘世与彼世的联系，如此一来，这位骁勇的祖母就可以保佑她的后代免于厄运。而王后的职责之一就是确保祭祀仪式能够圆满完成。

神的妻子创建了她的领地

底比斯是王朝的新首都、阿蒙神的圣地，见证了等级制度的确立。而担任地位仅次于大祭司的"神之次仆"一职的是王后，而不是一位男性。

但是这个职位并不能让她满意，王后于是要求法老设立一个新的机构，隶属于"阿蒙神的妻子"，并且赐予她必不可少的财富。而这个机构完全由王后掌管。

她的请求被法老批准了，相关法令被雕刻在卡纳克（Karnak）地区发掘出的石柱上。

法令的具体内容是什么？它规定了国家应向王后捐赠建筑物、土地、黄金、银、铜、衣服、油罐、小麦、香膏和美容用品。这些资产的价值按基准确定，而法令明确指出捐赠物品的实际价格已经降低。王后对这项交易的条件无异议，且没有任何人能提出质疑。她感谢国王在她一无所有的时候赐予她如此多的财富。

成为"阿蒙神的妻子"的最后步骤是在宗教和民事当局宣誓，以得到阿蒙神的支持。雅赫摩斯－奈菲尔塔利从此将永远是他忠实的仆人。

王后戴着一顶短假发，发带缚于假发上，两根高羽翘起，象征着生命与规则的和谐。身穿吊带紧身裙，王后带领祭司们，不分男女，都献身对阿蒙神的崇拜仪式和神秘祭礼。王后作为"阿蒙神的妻子"唤醒阿蒙神，通过召唤他附身于自己，实现了一个伟大的奇迹，保证了国家的长治久安。

王后统治

经过四分之一世纪的幸福而和平的统治，雅赫摩斯一世的生命走到了尽头。应继承王位的"儿子"年纪太小，于是雅赫摩斯－奈菲尔塔利开始摄政。这位"上下埃及的女主人"兼任首相和建筑总管，确保了权力的连续性，直至阿蒙霍特普一世登基。雅赫摩斯－奈菲尔塔利还负责举行年轻法老的加冕仪式。在被外族长期占领之后，目睹一个王朝的诞生，简直是一个奇迹。通过不容置疑的权威，王后促进了国家的稳定。

在这种情况下，我们可以理解为什么人们要为她建造一座庙宇，名为"愿此处长久安宁（men-set）"，虽然这通常是法老才享有的特权。在一个节日上，雅赫摩斯－奈菲尔塔利的神圣小船从神堂出来，承载着以黑皮肤示人的王后雕像，驶过西岸的圣地。

这条河岸被王后赋予了生机和活力，她推动建立了一个村庄，即"真理之地"（德尔埃勒－梅迪纳赫村），接纳了一个负责挖掘和装饰王室墓地的工匠团体。究其一生，他们都崇拜雅赫摩斯－奈菲尔塔利，视她为他们的主保圣人和守护者。而伟大王后的创造力并没有就此结束。她很可能还撰写了一些重要文件，例如阿蒙霍特普一世的仪式规范，由此带给在底比斯神庙工作的雕塑家和画家们各种灵感。毫无疑问，她也参与完善了法老们日常进行的神圣仪式。

雅赫摩斯－奈菲尔塔利一生致力于建立一个为神祇和重返自由繁荣的民族而服务的国家，最终她在图特摩斯一世统治时期重返天国。没有人会忘记她！她被后人视为行善有功的祖先之一，享有真正的尊敬与崇拜。对她的记忆被铭刻在底比斯陵墓的内壁上，并通过多种形式留存下来，如圣甲虫像、珠宝、以她的名字命名的修女们，还有石碑和雕像。在卡纳克，她的卡在一座雕像中永生，同时她的形象还出现在浮雕上。塞提一世和他的儿子拉美西斯二世也悼念这位王后，并称其为"阿蒙神的妻子"，悼念"新王朝之母"和一位"新黄金时代之母"。

二十五
黄金王后哈特谢普苏特

　　哈特谢普苏特是国王的女儿、大王后、法老，同时身负男人与女人的角色，这是她的非凡命运。哈特谢普苏特由黄金太阳神阿蒙孕育而生。

——哈特谢普苏特身着王后服饰的坐像，

展于纽约，大都会艺术博物馆，编号 29.3.3

（哈特谢普苏特于公元前 1473 年—前 1458 年在位）

不知图特摩斯一世法老的女儿，这位年轻的姑娘在听从父命走遍埃及时，是否预感到神明们为她安排了非凡的命运？或许有一些预感？因为国王以此向她传授权力的奥秘，让她探索上下埃及的所有省份，踏进每一座宏伟的神庙。图特摩斯一世的名字意为而"托特神之子"，而托特神是圣书体的创造者，也是智慧之神和司书官的统领。

国家安宁富饶，王朝政权稳固，首都一片繁荣景象。卡纳克神庙扩大了规模。然而，国王并没有忘却喜克索斯人的入侵和努比亚人的背叛，因此边界被严密监视着。但是埃及没有被任何危险笼罩，国王能专注于对埃及的统治，并将治国精要传授给他的女儿哈特谢普苏特，其名字本意为"贵族的首领"。

在这些旅程中，她是一个孩子。她是青少年还是一个成年人？我们一无所知。可以坦诚地说，无论史实或轶事，关于这位著名女法老的统治几乎不为人所知，如同下埃及时期前大多数法老一样。然而，我们有幸通过雕刻或书写下的历史见证，了解哈特谢普苏特心中异常重要的传世之道。尽管这是一条充满不确定因素和无解问题的道路，但我们也要顺着它前行①。

哈特谢普苏特王后，王朝的统治者

哈特谢普苏特在父亲去世后，嫁给了图特摩斯二世。对于她当时的年纪，文献没有确切的记载。同样，图特摩斯二世的

---

① 主要参见 S. Ratié, *La Reine Hatshepsout*, *sources et problèmes*, Leyde, Brill, 1979; «Hatchepsout, femme-Pharaon», *Les Dossiers d'Archéologie*, no 187, novembre 1993。

统治时长也没办法明确，根据不同研究者得出的结论，三到十四年不等。他离世之后，图特摩斯三世尽管还是一个小男孩，出身不明，亦被传召为国王。既然他年纪太小，没有能力实行统治权力，按照惯例，国家政权再一次掌握在大王后的手中。

　　唯一能够肯定的是：她为摄政做好了万全准备，并对国家政权的运作了如指掌。一篇文章清晰地指出："神之妻子哈特谢普苏特掌管着国家事务，上下埃及处于她的统治之下。她的政权被全民接受，而这片谷地也归她管理。"① 建筑总管伊内尼（Ineni）补充道："她按照自己的计划治理国家，国家也臣服于她。"建筑总管用了一个对埃及人来说十分有说服力的象征：她是一段线缆，牵引着北部；她是一根立柱，拴系着南部；她是政权的完美掌舵者。当她传递自己的力量时，和平笼罩着埃及。

　　众多的迹象表明，这位摄政女王并没有任何排挤图特摩斯三世的迹象。这位年幼的法老一点点学习如何成为一位合格的法老。女王正忙着建造她的身后居所，位置选在了一处极难进入的地方，想进入的人需要具备良好的身体素质和攀爬能力，不过这也难不倒那些盗墓者们。

　　一切似乎那样简单，然而……一位神明，而且是一位不凡的神明，插手了世间的事务。在图特摩斯三世统治的第二年，冬季第二个月的第二十九天，阿蒙神——底比斯地区的守护神，传达了他的意愿，大祭司破解了他的神谕：让哈特谢普苏特王后即位为法老。

　　神谕中遗漏了一个问题：女王何时即位？任何人都不能反

对这项神圣的法令，但是哈特谢普苏特似乎一点也不着急，因为她又等待了五年才登上王位！当然，那些在王室耍弄手段的阴谋论者心想：看吧，她急切地要除去碍眼的图特摩斯三世。然而，事实绝非如此！这就是古代埃及人的"逻辑"，它与我们的逻辑非常不同。哈特谢普苏特以国家利益为先，并不是不惜任何代价获取世俗短暂的权力，而是出于对玛亚特法则的遵守和对神谕的听从而行事。图特摩斯三世在之前被任命为法老，而他仍是法老；哈特谢普苏特受益于阿蒙神的神谕，也成为法老。两位统治者多次联手，没有过冲突，也没有引发部落战争。在我们看来，这简直是超现实的局面，甚至无法理解。但事实就是如此。

王后登基为国王

在图特摩斯三世统治的第七年，阿蒙神的口谕完成了，哈特谢普苏特加冕为法老。自此，眼镜蛇神（uræus）的图腾点缀在她的前额上，她担负起击退一切光明之敌的责任；她戴起了假胡须，这是创世主神阿图姆遗留的象征。

对她身为法老的五项王衔的选择宣告了她的统治"计划"。身为光明之神之子，她仍是哈特谢普苏特，但需要增加一个细节——"和阿蒙神合一的人"。身为上下埃及之王，她宣告：规则（玛亚特法则）即是光明之神（拉）的力量（卡）①。

————————

① 另外三个王衔：一是荷鲁斯："创造力之神"（ouseret kaou）；二是金荷鲁斯神："神圣显现之名"（netert khâou）；三是两位女神名（秃鹫神和眼镜蛇神的名字）："绿地时期"（ouadjet renpout）。

她选用的王衔意味深长：坚持和谐的规则——玛亚特法则；确定创造之力——卡；同时如同拉一样，最原始的太阳射出光芒将哈特谢普苏特变成"黄金王后"，象征她将以神圣的方式闻名于世。正如下文所描述的那样，它将在埃及神话中假想的黄金国之旅中展现出来。

哈特谢普苏特加冕的时候芳龄几何？她是否美丽动人又充满诱惑？我们无从得知，不过这些无关紧要，只有透过不朽的石刻雕像，我们才能看到这位优雅的女法老，一张精致无比的面庞、杏仁眼、鹰嘴鼻，薄薄的嘴唇微微弯起，勾出一抹微笑。

既然哈特谢普苏特和其他的女性不一样，是一位凡人与阿蒙神的结合，后者化身为图特摩斯一世法老的模样，以孕育出这个女儿，并赐予她法老的职权。这种附身于法老的神话在哈特谢普苏特神庙①的浅浮雕中极其委婉地展现出来，哈特谢普苏特就此揭晓了她神圣的出身。沉醉在国王身体散发的美妙气味中，王后陷入狂热的爱恋。他难道没有将庞特之地美妙的气息全都散发出来吗？神的露水均匀地洒在王后的躯体上，她生育了一个孩子，而神明赐予了这个孩子创造力和一切统治者必备的品质。

诸多的神明守护哈特谢普苏特的诞生，这一刻如此美妙。哈托尔女神将婴儿呈在阿蒙神面前，他一见到婴儿就顿生欢喜。如同所有欣喜若狂的父亲，他紧紧地抱着她、亲吻她，直到她需要汲取圣牛乳。母牛是哈托尔女神的化身，因此哈特谢普苏特对她有特殊的崇拜。她怎能不视其为"新太阳"一般，让它每日重生？

---

① 哈特谢普苏特神庙兼作陵墓。——译者注

还剩下最后一项任务，阿蒙神向上下埃及展示他的女儿，并赐予她将来合法的统治权。他告知人们要"爱戴她，信任她"。

成为法老之后，哈特谢普苏特身兼男女两种角色，并且没有结婚。伟大的王夫的王街因此不复存在。在她加冕时期，她有一个女儿，名为涅弗鲁瑞（Néférourê）①，这位"阿蒙神之妻"致力于宗教仪式和神职活动，远离世俗的事务。即使她母亲殷切期望，她也无意继承她的王权。

建筑总管哈特谢普苏特

依照父亲阿蒙神的愿望，哈特谢普苏特应该"在全国范围内行使王室的管理职能"，她的第一项任务是维护神圣的建筑和建造神庙。当年轻的图特摩斯三世远离众人视线，生活在阴影中时，他们之间没有冲突，哈特谢普苏特能够依靠忠诚又高效的国家机构。

在主要的权贵们中，兼任阿蒙神的大祭司和首相的哈普－赛内布（Hapou-Séneb）扮演了不容忽视的角色。作为埃及九柱神奥秘的得道者，他在尘世间主持玛亚特法则，身兼卡纳克地区世俗与宗教事务的主管，时刻监督神庙的扩大与美化，并且是生活在"真理之地"中工匠团体的最高行政长官。工匠们奉命在河西岸一个出人意料的地方为法老挖掘神庙，这就是未来闻名于世的"国王谷"的雏形，哈特谢普苏特开创了这

---

① 该词意为"神一样完美的人"。

一工程。

　　哈特谢普苏特主要的合伙人名为森穆特（Sénenmout），意为"母亲的兄弟"，他出生卑微却有光辉的职业生涯①。起初，他在部队里任军官，成为法老"唯一的朋友"，这个头衔已经表明他和法老的亲密程度。在洞悉了阿蒙神的至高奥秘后，森穆特负责处理阿蒙神领地的行政事务，管理花园、田野、家畜群和粮仓。像我们说的那样，他懂得保持沉默，而且为人公正，哈特谢普苏特称他为"养父"，换一种说法，任命他为她女儿涅弗鲁瑞的家庭教师，负责她的教育②。不过，没有证据证明他曾是女法老的情人。

　　森穆特最伟大的荣耀称号是他作为建筑师所从事的工作，他的团队在包括赫尔蒙特和卡纳克在内的各个工地展开活动，但他最伟大的作品就是哈特谢普苏特神庙，是哈特谢普苏特统治的生动象征。

　　在两座神庙③中，有一座神庙以天文学的艺术品为装饰，让森穆特的灵魂在无数星辰的陪伴下永生。这座神庙中还有一座巨大的石英石棺和无数刻画着她肖像的雕像。很少有最高统治者能享有这场盛大的祭祀，被人民如此铭记。人们对这位建筑师如何离世一无所知，也没有发现他的木乃伊；但他为女王设计的非凡神庙依旧矗立着。哈特谢普苏特神庙对应的埃及语

---

① 参见 P. F. Dorman, *The Monuments of Senenmut*, Londres-New York, Paul Kegan, 1988; *The Tombs of Senenmut*, San Antonio。

② 一座雕满人像的立方石展示了这样一个场景，森穆特伴随哈特谢普苏特的女儿出现，他教导她。

③ 一座在古尔纳（Gournah，底比斯陵墓71号），另一座在哈特谢普苏特神庙（Deir el-Bahari，353号）。

为 Djéser djésérou，意思是"众神之神"①。用乔塞尔法老的名字为它命名并非随意，因为后者和他被供养在神堂②中的建筑总管伊姆霍特普一起，建造了塞加拉的阶梯金字塔，这是第一座由巨型石块砌成的宏伟建筑。

哈特谢普苏特希望将她的政权与昔日荣耀联结在一起的决心没有止步，她在位于平原上的神庙里修建了鳞次栉比的柱廊。神庙背靠着一处陡壁，这一灵感来源于中王国时期③建造的一座神堂，同样充满从王室祖辈传承下来的建筑活力。

神庙完工时，哈特谢普苏特举办了庆祝活动。这座神庙在当时的外观与其现状（指今天的样子）有着天壤之别，一条坐落着狮身人面像的拓宽的小径通向标注了类似天国入口的塔门，那里种植着乳香树。在奥秘传承仪式进行时用于接引圣船的花园和池塘给人们带来了一股惬意的清凉。哈特谢普苏特的致辞如下：

> 我为我的父亲阿蒙神建造了纪念碑。他是全埃及王权

① 有时候也译作"奇迹中的奇迹""卓越中的卓越"，强调的是乔塞尔"djéser"一词代表的"神性"，它意味着一处不受外界打扰的地方。神秘的传承仪式可以在不被世俗打扰的情况下完成。

② 在岩石中间挖掘出的一处神堂，供奉着两位智者：伊姆霍特普，即乔塞尔的建筑总管；阿蒙霍普特，即哈普的儿子、新帝国法老阿蒙霍普特三世的建筑总管。这两位著名的智者被视为医者，无数病人来到哈特谢普苏特神庙朝圣，期望在两位疗愈者的帮助下恢复健康。

③ 中王国时期最著名的法老之一，孟图霍特普二世，意为"战争之神（montou）处在和平中"，他下令在与未来的哈特谢普苏特神庙相邻的平原上建造了一座需要爬过长坡才能进入的神庙。这座建筑已经被损毁，但是它深深地影响了哈特谢普苏特和森穆特，二人将这种建筑形式发扬光大。此外，一处建筑总管的故意隐晦的肖像解释了它的出处，如同为这座建筑"署名"。

的主宰。我建立这座巨大的永恒神庙，它的名字是"众神之神"，用美丽、纯白的完美图拉石块建成。从开工伊始，这座神庙就要奉献给他。

这座"永恒神庙"有什么用呢？首先，用于庆祝哈特谢普苏特和她唯一的伴侣——阿蒙神的身心合一，在一间教堂进行了洞悉至高奥秘的奥西里斯神仪式之后，胡狼首人身的阿努比斯神为她做了向导，而女王——被星辰女神哈托尔哺育过的人，从此获得永生①。

"河谷庆典"时期，阿蒙神参观了西河岸的众多神堂，并且在哈特谢普苏特的居所休息了很久，她既是他的女儿，也是他的妻子。黄昏时分，夜幕低垂，火把的光束喷射而出，活着的人民和先祖共赴盛宴，死亡消失。

在哈特谢普苏特神庙②神殿的内壁上，哈特谢普苏特命人刻下了她心中的重要景象，时间无法磨灭这些永世流传的记忆。了解了女王神圣的出生和她成为法老的过程，我们现在将聚焦她的一段异乡探险。

---

① 在金字塔时代，永恒居所即金字塔自身，和用于供奉逝去帝王的卡的神殿之间有明确的被认可的联系。新王国时期尊重并保留了这一设计，但拉长了二者之间的距离。一边是哈特谢普苏特复生神庙安稳地屹立在那里，而悬崖的另一边，如透明的荧幕一样，在石块中挖掘出了女王的陵寝，这是国王谷迎来的第一位法老。

② 哈特谢普苏特神庙是完全属于哈特谢普苏特的独一无二的神庙。她没有忽略埃及其他国土，同时在其他地区大兴土木，如在底比斯地区以她名字建造和修复的神庙位于赫尔蒙迪斯（Hermonthis）、康翁波（Kom Ombo）、埃尔卡伯（El-kab）、埃勒方江（Eléphantine）、库塞（Cusae）和赫尔莫波利斯城（Hermopolis）。

寻觅黄金国，对庞特之地的一次探险

这个奇幻之国，这个自古王国时期起就存在的城池究竟在哪里？数不清的人为此耗尽了笔墨[①]，想一探究竟。但是古埃及人对此兴致不高，对他们来说，这传说中的神奇之地仅是孕育了一项举行圣典时必不可少的珍宝——乳香，它"让人如入神境"。

如果说众多法老曾提到庞特之地，哈特谢普苏特神庙中的记载绝对是最完善的，这不是一个巧合，我们接下来就会予以说明。

组织一次探险并不是这位统治者的突发奇想，事实上，她服从她的丈夫阿蒙神的指令，在神庙中建立庞特之地，在花园神堂中的圣所中每一边都种下神之国度的树木。

掌管君王玺印的内西斯（Néhési）是探险队伍的长官，女王至少派出了五艘船。风平浪静地航行一段时间之后，埃及人发现了一处天堂般的领域，生长着不同种类的棕榈树，还有让他们欣喜若狂的乳香树。住在茅草屋中的庞特人热情欢迎了这群埃及人，尤其是埃及人给他们带来了食物和珠宝作为礼物。如同绝大多数臣民一样，庞特城的君主帕拉胡（Pa-Rahou）留着尖尖的胡子，体型瘦削。他的妻子伊蒂（Ity）则不太符合埃及人的审美标准，身材因肥胖而变形，她是一个女孩和两个男孩的母亲。

---

① 在展开讨论前，目前认定庞特之地位于红海南部的某个地区，在埃塞俄比亚或阿拉伯地区的海岸边，但埃及的文献中并没有记载它的具体位置，而且庞特之地不仅只是埃及人通过水路到达的目的地，也是他们到达天上的必经之地。庞特之地因其神秘传说而更负盛名，从那里带来的物品被敬献给神庙。

谁统治这个奇妙的国度呢？是身为天神和爱神的哈托尔。庞特人也供奉阿蒙神，并塑造阿蒙神雕像，展现阿蒙神前来与哈托尔女神会面的场景。幸福的时刻交织在一起，成为举办一场盛宴的理由。葡萄酒和啤酒在流淌，取之不竭；在盛宴结束之际，一座代表阿蒙神和哈特谢普苏特的神像被安置在村落的中央，这个地方变成了神址，由人守护。内西斯踏上了归程，埃及人的船上满载珍贵的木材、成袋的香料、锑石、象牙和其他充满异域风情的产品。但最重要的是那些根部裹在潮湿席子里的、被当作无价之宝的乳香树。

迎接凯旋者的是欢腾的民众，作为对她赤胆忠心的感谢，内西斯收到了极大的回报——四条黄金项链。哈特谢普苏特达成了阿蒙神的愿望，她亲自将乳香树种在了哈特谢普苏特神庙里。在这里不能错过一个非凡场景：托特神和塞莎特女神现身，列出庞特城珍宝的清单。哈特谢普苏特用一个薄薄的金斗，亲自称量乳香。

在这个神圣的时刻，一项炼金术大功告成。哈特谢普苏特轻柔地涂抹着让她化神的香膏。美妙的气息渐渐四散开来，不要忘记人们通过身后的香气能感知法老的到来。一项惊人的变化发生了：哈特谢普苏特的身体的颜色变为金黄色，她如繁星般闪耀。哈特谢普苏特不再是一位凡人，而是一位黄金王后、黄金哈托尔女神和宇宙统治者在人间活着的化身。

哈特谢普苏特的战争？

哈特谢普苏特没有发动过大规模的战争，但她并不是一位天真的和平主义者，她对埃及的敌人时刻保持警惕，首当其冲的就是努比亚人的部落。在她统治的第十二年，一场警务行动消灭了几个叛乱者。哈特谢普苏特在仪式上强调，她曾经战胜一直虎视眈眈的利比亚人和叙利亚人。她以狮子和狮身鹰翼的格里芬兽为代表，能够碾压一切敌人，后者敌视玛亚特女神，宣扬黑暗。如传统象征一样，法老哈特谢普苏特将"九把弓"踩在脚下，意味着征服了所有与光明为敌的人。

阿尔忒弥斯神庙是一处引人瞩目的埃及中期的遗址，位于贝尼哈桑陵墓附近。这处遗址也展现了哈特谢普苏特的威严和精神面貌。

从这里的岩石中挖掘出一处献给帕赫特（Pakhet）的神堂。帕赫特是一位令人生畏的母狮女神，她的爪子和尖牙能撕裂任何侵略者的骨头。哈特谢普苏特向她敬献了雕像、金、银、织物、餐具和铜铸的金合欢门，将此处圣地与世隔离。

她为什么会如此尊敬这位母狮神呢？一个古老传说证明了这处圣地曾被野蛮的喜克索斯人侵占。忽视了时间和历史事实，哈特谢普苏特宣称自己接受了母狮神的强大力量，才能亲自驱逐入侵者，解放祖国。当类似喜克索斯等"邪恶又无视光明的人"入侵时，这处"河谷之神居所"就成了古埃及人的庇护所。

哈特谢普苏特说："我时刻想着未来，法老的心必须面向永恒，我让玛亚特女神光辉荣耀，圣主神明永存。"这句简短而富有启发性的发言表明法老对自己的职能和信仰同样关注。

方尖碑与复生庆典

哈特谢普苏特下令在底比斯河西岸建造哈特谢普苏特神庙

的同时，并没有忽视美化河东岸阿蒙神的圣地卡纳克神庙。她在此地让人用红色石英石建造了一座令人称赞的神堂，命名为"阿蒙神心脏之地"。圣典仪式的庄严画面点缀此地，意义深远，尤其反映了哈特谢普苏特作为建筑总管的才华。

女王一心想要隆重纪念的是哈特谢普苏特神庙浮雕所记载的修建四座方尖碑的过程，其中两座方尖碑建于她统治初期，另外两座分别建于她统治的第十五年和第十六年。

这些巨型的如方针尖般的石柱有何用途？它是为了刺穿天空，将其正面的能量吸引到神庙里来，消除一切负面的影响。在阿斯旺采石场经过千锤百炼后，哈特谢普苏特的巨石柱方尖碑浑然一体，高达29米，每一座都重约350吨！当时为了运输这些庞然大物而建造的平地驳船和运用的运输技术让人叹为观止！

在船只抵达卡纳克港口时，"天上的神明们也在庆祝，整个埃及一片欢腾"，小号乐手和铃鼓手们奏响了乐曲，欢迎方尖碑入城，石碑闪烁着光芒，尖顶部分覆盖了一层金银混合物。而哈特谢普苏特则发表了如下宣言：

> 我自始至终抱着一颗敬爱我的父亲阿蒙神的心，终于完成了这项巨大工程；我被赋予了他出生的奥秘，受益于他至善力量的教育，我从未忘记他的命令。作为君主，我知晓他的神性，服从于他的命令。他是我的向导，一直为我指引方向，我从未背离过他的意愿。我没有停歇，始终关切着他的神庙，从未违背他的需求。在他身前，我一片赤子之心，因此领会到他心中的隐秘计划的核心。我没有背弃这座城全知全能的主人，而是直面他。我知晓，卡纳

克神庙是尘世的一束光，是一处被敬仰的生命之源，是世界全知全能之主的神圣的眼，是他最爱的地方，如他一样完美。①

哈特谢普苏特的最后两座方尖碑屹立在卡纳克神庙中一处特别的地方，这里立满了石柱，被称作"绿地"，她可能在这里举行了复生典礼，她需要重新获得能量，继续统治埃及。

隐晦的结局

哈特谢普苏特的统治到底持续了多久？大概二十多年。在西奈哈托尔神庙矗立的一方石碑上，她与图特摩斯三世的形象一同被雕刻于石碑上。此后，并没有考古的确切证据，也没有任何人提及这位女君主是何时去世的。

哈特谢普苏特的木乃伊被安置在国王谷深达 97 米的陵墓内，这是她揭幕的这座独一无二遗址的首个陵墓。沿着一道半圆形的长达 125 米的通道，这条链接彼世的道路通向一个地下墓穴，放置着哈特谢普苏特及其父亲图特摩斯一世的石棺。

新王国时期的诸多王室木乃伊被挖掘出来，但是因为尚无确凿的证据，近期发现的哈特谢普苏特的木乃伊的身份仍然存疑，所有的推测都未被证明。

哈特谢普苏特消失了。图特摩斯三世，这位已经继位很久

---

①　哈特谢普苏特时而以男性自称，时而以女性自称，这表明身为法老，她是男女同体的，一个人就可以代表王室夫妇的统一体。

的法老，确保了权力的延续性。没有分裂、矛盾与冲突，法老机构继续正常运作。

　　哈特谢普苏特去世后的二十多年，她的一些雕像和名字被抹去或者损毁，但还是有遗迹被保存下来，且为数不少。在哈特谢普苏特神庙记录庞特之地远行的柱廊上，女君主的卡丝毫无损。

二十六
拥有水之魅力的爱人

　　她面容姣好、身材修长、举止优雅，掌管着莲花的魔力。恋爱中的女人魅力尽显。

——出自尼菲尔 - 霍特普（Néfer-Hotep）陵墓

　　这个出自尼菲尔－霍特普陵墓中的女性独一无二、举世无双，堪比新岁伊始的星辰。她的优雅光芒四射，她的肌肤闪耀着光泽，她的目光清澈透亮，她的唇瓣温柔似水，她的嘴唇好似一朵花蕾，她的秀发闪烁着宝石般的光芒，她的乳房像爱情的果实，她的手形如同莲花的萼叶。这位新王国时期的宠儿，美艳不可方物，步态雍容，香气缭绕，身穿透明的细亚麻长裙，修长的曲线若隐若现，让人浮想联翩。

　　正是在这一时期，埃及开始出现"情歌"。女性被认为是爱神哈托尔的女儿，情歌极力赞美女性的魅力，描述她们坠入爱河后的激动和煎熬。

　　千万不要忘记，恋爱中的埃及女人就像一个魔法师，擅于利用香脂和香氛攫取男人的心，让他沉迷于她芬芳的长发中不能自拔。当她款款走来，臂弯中满是献给爱神哈托尔的鳄梨树的枝叶，有谁能抵挡这种诱惑呢？

　　但是，她也懂得顺从，坦言自己并没有设计爱情陷阱。她认为自己同样是爱情的俘虏，无所谓诱惑的手段，同样能感受到炽热的爱情。她以令人感动的纯真态度表明："当我的心和你的心融为一体时，我们离幸福很近。"此情此景之下，他只想对她喃喃说出一连串形容爱人的昵称：白鸽、燕子、羚羊、猫咪。①

　　在有关女性的文字描述和舞台表演中，与爱情有关的回忆总是与倾国倾城的美貌和风姿绰约的举止紧密相连。某些场景

———————————

　　①　"我的长尾猴""我的青蛙""我的河马"之类的昵称听起来令人称奇，但仍可以让我们联系到一些象征繁殖能力的图腾形象。

成为情侣们钟爱的约会圣地，尤其是花色荼蘼的园林，悬铃木下或是垂柳荫里，石榴树边或无花果树旁，爱情带来极致的柔情和愉悦。

在爱情中，水通常能起到决定性的作用。尽管恋爱中的女人清楚水中潜藏的危险，却可以念出有魔力的咒语化险为夷。这些蕴含"水之魅力"的咒语能驱逐可怕的鳄鱼，鳄鱼又被看作诱拐女性的化身。在纸莎草丛间泛舟水上，女人在爱神哈托尔的护佑下享受静谧之境，多么令人身心愉悦！

接下来是沐浴的美妙时光。女人轻解罗衫，赤裸的胴体滑进荡漾的碧波里，她敦促着她的爱人："来啊，看着我！"他们缠绕在一起，完全不在乎周围的莲花和游鱼。他们全身心投入欢愉的嬉戏，留下温柔如水、美妙绝伦的回忆①。

依据《梦的钥匙》（Clef des Songes）一书中所提到的，梦中与配偶共享鱼水之欢是一个吉祥的兆头，预示着有好事情发生。

爱情的力量是无与伦比的，然而，我们无法在幻想中自欺欺人。智者曾说过，女人的狡猾可能是一种可怕的危险。正如智者普塔霍特普②所观察到的那样：

　　如果你希望在所处的环境长久地维系友好的人际关

---

① 在古埃及，没有诸多禁忌。女性无须佩戴面纱。农民有时会赤身露体在田间劳作。美丽女子的衣裙是透明的。无论是男性的还是女性的生殖器官都呈现于象形文字中。在都灵博物馆有一件藏品——一幅纸莎草制作的情色画。这幅画描绘了露骨的场面，表现的是一家酒馆的女招待们向一些低阶层的客人提供服务的场景。

② 第18条箴言。

系，或是在任何你熟悉的场所与人相处得如同兄弟和朋友，那么你必须在接触女性，甚至触碰她们时十分小心谨慎。无论多么谨小慎微都不算过分！成千上万的男人自甘落入温柔的陷阱，仅仅是为了一时欢愉。当梦幻破灭时，剩下的只有不幸！为女色所迷且执迷不悟者必将一事无成。

普塔霍特普认为，一个可爱的女人可以带来平凡的幸福。他告诫世人要远离那些年轻女子，因为她们对性的渴望永远得不到满足。同时期的一位社会观察家——智者阿尼指出，一个稳重的男人会和他生活环境范围内名声不好的女人保持距离。此类预防措施十分必要。因为诱惑人心的女子就像深不可测的水，蕴藏着致命的旋涡，莽撞冒失的男人很可能会溺毙其中。

然而，还有为数众多的爱情故事不以悲剧收场。恰恰相反，深刻而稳定的婚姻关系可以成为爱情的彼岸。法老时代的古埃及人从未停止过赞美女性伴侣所具备的种种美德。

二十七
相伴永生的妻子

　　天空女神努特从一棵树的树干中出现，正在向成为"忠诚的信徒"的一对夫妇赐予永恒的食物和水。

——让－弗朗索瓦·商博良

在法老时代的社会中，尽管婚礼并不是一种宗教仪式，但是夫妻结合体现出重要的价值，这不仅仅是因为女性能够生育。爱情将一个男人和一个女人联结在一起，这本身就值得称颂。女人成为妻子后，受人敬重并成为"受丈夫敬重的伴侣""受人爱戴的姊妹""生活阅历丰富的有福之人"。

从古老的王朝开始，一个好丈夫会遵从智者普塔霍特普的教诲，给予妻子热烈的爱，保障她生活无忧，令她感到幸福快乐。阿尼也强调，不可对妻子纠缠，令她腻烦。家务劳动也具有重要意义，在妻子完成家务时丈夫应不吝赞美。

有一句箴言这样形容："当她执汝之手，一切吉祥如意。"夫妻的形象在许多雕塑中有所体现。妻子依偎着自己的丈夫，并且呈现出一种温柔而受呵护的姿态。她的手放在伴侣的肩上，象征着女神伊西斯的法力和爱神哈托尔的深情。

在当今的时代，忠诚已经贬值，但在古埃及人眼中，忠诚是不可或缺的品德。对伴侣不忠，即为欺骗，违背了玛亚特法则。结为夫妇的承诺一旦说出口，就不可收回；通奸被视为严重的罪行；丈夫对妻子的暴力伤害也是有罪的，而且会受到严厉惩戒；丈夫抛弃不能生育或者有病的妻子同样不合法。

普塔霍特普指出："当你娶了一个妻子，她发自内心地感到快乐，那么她将引领你进入平衡的状态。"[①] 丈夫喜欢听妻子唱歌或是演奏音乐，在繁花盛开的花园里，他们双双坐在棕榈树下，感到欢欣满足。他们共同注视着祭台，上面供奉着天上和凡间的美味佳肴。

---

① 第37条箴言。

关于紧密联结夫妻之间的爱情，埃及文字中有一段最动人的描述。"母亲"女神穆特（Mout）的一位女使让人将它镌刻在一座塑像上。

　　我们渴望安息于一处，神不会将我们分开。正如你亲眼所见，我绝不会弃你而去。每一天，我们相依而坐，平和安详，任何邪恶都无法近身。我们一同进入永恒天国，我们的名字将不会被遗忘。当太阳的光芒永远地照耀你我，那将是不可思议的美妙时刻。

二十八
永享尊荣的母亲

　　作为完美的母亲，瀑布女神正在为法老哺乳，以此方式赋予他尼罗河的神圣力量。

——让-弗朗索瓦·商博良

在古埃及，母亲是一个中心人物。无论是神圣的母亲哈托尔，还是荷鲁斯的母亲、法老制度的保护神伊西斯，又或是负责行使并传承王权的王后，甚至是普通家庭中的母亲，所有母亲都受到尊敬和爱戴。

司书官阿尼被视为擅于总结醒世真言的神学家，他笃定地呼吁人们坚持基本的美德，即全心全意地尊敬母亲：

> 你的母亲给你的面包，你应双倍奉还并且赡养她，就像她曾经养育你那样。对她来说，你是一个重担，给她带来疲惫，但她从未因此忽视过你。怀胎十月，一朝分娩，她对你的关切从未停歇；她用乳汁哺育你三年之久；她不曾嫌弃你的排泄物；她总是想着怎么能更好地照顾你；她送你去上学；你学习写字的时候，她伴你左右，日复一日，为你送上食物和饮品。你须牢记，是你的母亲带你来到这个世界，悉心抚养你长大。若是你的言行举止受她责备，或是令她高举双手向神灵抱怨你，你理应小心慎行。[1]

许多重要的人物为宣称自己是"某人的儿子"感到自豪，而不提及他们的父亲，除非人们会因此推断有母权制的倾向。这不过是对母亲职责的认可。从分娩生育到无所不在的对子女的呵护，其中包括对子女的悉心教育都体现了母亲的爱。

一个埃及母亲不会愿意和自己刚降生的孩子分开，除非在

---

① 第38条箴言。

必需的情况下，她会把孩子托付给一个保姆。在市场上，母亲把孩子用布背带缚在身前、身侧或者抱在手上。和其他服装一样，婴儿背带也是亚麻质地的，以保证婴儿感到舒服。

每个孩子都应受到庇佑，以免受到游荡的恶魔和疾病的侵害。这就是为什么母亲会给自己的孩子在脖颈上系一个护身符，尽管这并不值钱。例如，一颗土耳其蓝珍珠可以让孩子免于恶魔之眼的窥伺。

女孩的教育同样受到重视。在男孩的眼中，女孩从很小的时候就要学习尊敬玛亚特女神，只说真话，不撒谎，更不能故意欺骗他人。

在埃及人眼中，忘恩负义是最不应该在孩子身上表现出来的品性。这就像工匠加工木材，如果发现类似情况，教育者应该懂得如何"加工"，以使这个孩子成长为一个品行端正的人。埃及人不喜欢"小皇帝"似的孩子或是幼稚的家长。

在乡村的学校里，女孩和男孩一样接受基础教育。那些希望继续学习的女孩可以申请接受更高级别的教育，而此类教育资源由神庙负担开支。孩子们不仅学习知识，也不忘玩耍嬉戏。在这方面，女孩绝不落后。集体游戏、做操、跳舞、游泳、柔道、杂耍……类似的活动种类繁多。

我们可以发现，女性可以参与所有活动，其中两种活动最受青睐：编织和音乐。编织和女神奈斯息息相关，后者用语言"编织"了整个宇宙。另一项活动与女神哈托尔有关，她是"和声之后"。在一些神庙的墙壁上可以看到许多女子乐团的形象。

　　可以说，没有一位尽心尽力的母亲，成功和幸福都无从谈起。无论是女孩还是男孩，都应听从智者的建议，承认母亲付出的辛劳和心血。如此，在母亲升入天国之后，她仍然会继续以福泽护佑自己的子女。

二十九
永生的王后

　　如果说，埃及有一位法老没有得到应有的重视，而他可以跻身于埃及最伟大的君主之列，那就是图特摩斯三世。我们曾经提到过他的青少年时期，当时埃及正处在哈特谢普苏特的统治之下。这位君主坐上王位时非常年轻，被看作"埃及的拿破仑"，因为他为了保护埃及疆域的和平，曾多次进行军事远征。后人总是极力渲染他性格中好斗喜战的一面，其实他在位时真正的冲突极为罕见，大多数的远征活动只是为了彰显实力、维护秩序，而并非流血冲突。此外，图特摩斯三世还利用远征之旅进行动物学和植物学研究。他尤其着迷于动植物千奇百怪的形态，并将它们以浮雕的形式表现出来，置于卡纳克神庙的礼拜堂内。埃及学家称之为"植物园"。

　　在漫长且和平富足的统治时期，图特摩斯三世完成了众多功业。他还是一位伟大的建设者，例如位于卡纳克神庙中心的建筑——阿克门努节日厅堪称建筑中的杰作。在这里，神职人员是洞悉至高奥秘的人。这位君主参考了埃及的古老文献，主要是《金字塔选集》（*Textes des Pyramides*）。图特摩斯三世位于国王谷陵墓的内壁记录着王族的灵魂通过特定的仪式复活的过程。这在《密室录》［又名《阿姆杜亚特之书》（l'Amdouat）］中也有相关记载。

图特摩斯三世的第一任王后叫萨蒂阿赫（Satiah）。她同样是一位不同凡响的人物①。像惯常一样，没有任何关于她的轶闻野史流传于世。但是，埃及人最为看重的，是她在宗教礼仪方面所扮演的重要角色。和宗教礼仪有关的活动非常多，因为王后是伟大的创造女神奈斯所眷顾的人，她需要主持大量的仪式。此外，她在卡纳克神庙的阿克门努节日厅通过仪式洞悉神之奥秘，从而以"国王的母亲"和"国王的妻子"的身份，确保法老统治的社会秩序，鼓励并支持国王维系好神灵与人民之间的必要联系。为了达到这个目的，她要保护神庙的完整性，因为那里是庇佑王室的灵魂——卡的地方，卡代表着创世主的力量。

在离底比斯不远的托德（Tôd），有一个名不见经传的地方，这里伫立着许多神庙。在其中一座神庙里，保存着一尊精美的萨蒂阿赫雕像。

经过三十余年的统治，法老从精神到肉体上的活力都消耗殆尽。因此，举行重生的仪式②变得尤为重要。这种仪式被称为塞德节③。在这个过程中，所有神灵齐聚一堂，为国王注入

---

① F. Maruéjol, *Thoutmosis Ⅲ*, Paris, Pygmalion, 2007, pp. 101 – 102.

② 这并不是一项教条的法律，有一些法老出于多方面的考虑，认为有必要提前举行这一仪式。

③ "塞德"一词很可能和公牛的尾巴有关，代表着创世主的力量（卡）。用于举办塞德节的建筑中、位于塞加拉的乔塞尔神庙堪为典范。

新的活力。在这个场合，法老身穿一件特殊的白色长袍，让人联想到奥西里斯的裹尸布和死而复生的经历。

萨蒂阿赫的雕像是独一无二的。就像其他王后一样，她的头上装饰着哈托尔式的假发。但据我们所知，她的雕像是唯一呈现穿着塞德节的白色长袍的人的雕像！

换而言之，这位王后和国王一样亲历重生仪式。她凭借职务之便，以积极主动的姿态参与这种仪式。也许未来的考古发现能提供更多的佐证吧。

三十
侍奉神灵的女性

在丈夫的陪同下，一位女祭司正在祭拜奥西里斯神像。

——《亡灵书》，第 189 章

当我们在时间的长河中穿梭，会发现埃及的王后拥有陪同国王执政的重要地位。王后的权力不仅限于世俗范畴，而且她是履行宗教职能机构的首脑。

事实上，在古埃及，王后负责管理神庙中洞悉神之奥秘的女祭司们。得益于大量内容精彩的文字资料，我们对此类宗教仪式有一个基本的了解。这些女祭司追随着神的足迹，把昭示神的喻示、传播神话故事、获取神的力量作为重要使命。神界的力量集中于神堂，这对于实现国家和谐、造福人民不可或缺。

女祭司们又被称为"赫内罗（Khenerout）"，通常可翻译为"女隐士"。实际上，她们并非与世隔绝。这些担任神职的女人属于少数派，但她们依然可以结婚生子。

在图特摩斯三世时期，国王热衷于进行深入的灵修，因此女隐士很受尊崇。胡伊（Houy）夫人①端坐于宝座的雕像就是一个例证。祭司们致力于研究创世主和光明之神的奥秘。在庆祝神界和凡间的各种节日中，胡伊的灵魂卡总能享有丰富的祭品。

这些女子的日常生活是怎样的呢？清晨，她们沐浴、净身、焚香，在缭绕的香烟中实现从世俗世界到神圣之境的过渡。接下来是穿衣打扮：穿上长及脚踝的紧身长裙，把有吊带的短缠腰布交叉于胸前，并且佩带腰带、手镯和脚环。

随后要举行唤醒神灵力量的仪式。沐浴更衣后的女祭司在神庙中自由行动，并有权出入最隐秘的神堂。作为在金字塔时

---

① 大英博物馆，编号1280。

代意义非凡的 "金合欢圣所"① 的传人，新王国时期的祭司们
依然沿袭传统，打理赏赐给她们的神庙圣所，并参与奥西里斯
复活仪式。每天早上，法老都会打开内中堂的大门，庆祝奥西
里斯的复活。

　　只有特殊的群体才有权参与制度森严的埃及神庙的生活，
从国王夫妇到占星术士，其中也包括打理神庙圣物的神职人
员。如果没有这些能量交换之所和神灵聚集之地，整个社会就
会分崩离析。女隐士既是自由女性的代表，可以按照自己的意
愿选择命运，也属于国家公职人员，致力于维护危机重重的大
环境下的社会和谐。

---

① E. Edel, *Das Akazienhaus und seine Rolle in den Begrabnisriten des alten Ägypteus*, Berlin, B. Hessling, 1970.

三十一
理发师的侄女

新王国时期的所有法老都被一个噩梦所困扰：喜克索斯人的入侵以及随之而来的占领行动。为了避免新的祸患，图特摩斯三世亲自统领军队，穿越叙利亚－巴勒斯坦走廊，击败了来自亚洲的新敌人，令即将发生的灾祸消弭于无形。他的行动获得了成功，这导致很多战俘来到埃及，被迫从事公益性的劳役。

应该相信的是，这种刑罚并不是非常繁重的，战俘们在埃及生活得相当舒适。因为这些外国人中的大多数在缓刑期满后决定留下定居，从此遵守法老制国家的价值理念，改名换姓，彻底融入当地居民中。故而，并不是埃及迎合了他们，而是他们适应了埃及。

但是，在图特摩斯三世即位的第二十七年，一位国王的理发师却对一名外国俘虏生了戒心。这位理发师名叫萨芭丝特（Sa-Bastet），意为"猫女神芭丝特的儿子"。在成为宫廷理发师之前，他曾经是一名士兵。在一次军事远征中，他因为对叙利亚人和巴基斯坦人了如指掌，善于作战，所以英勇地履行了一个士兵的职责①。在一次战役结束之后，他的杰出表现得到褒奖：他抓到了一名俘虏并且自豪地宣布："我在陪同法老出征时亲手抓住了这个俘虏。他既没有受到鞭打，也没有遭受囚禁。"

这个被优待的俘虏命运如何呢？他成为士兵萨芭丝特的仆从，而不是奴隶。士兵非常开心，因为他被委任了一个重要职位：担任宫廷理发师，为国王和显贵刮胡子。这可是很了不起的工作！一份类似的工作可以换来富足的生活和他人的尊重。何况，萨芭丝特还希望他的侄女塔－卡美奈特（Ta-Kaménet）能有一桩美满的婚事，比如和宫廷里某位受人尊敬的人结婚。

然而，一件意想不到的事情发生了。他的侄女对他直言不讳地提出，她爱上了那个外国仆从，希望和他一起生活！当然，那个男人要放弃他的原名，改名为阿梅尼乌（Améniou），以致敬阿蒙神。但他既没有财产，也没有前途。我们可以想象理发师的失望和担忧。他试图说服他的侄女放弃这个令人沮丧的打算，却徒劳无功。

可是，我们身处的是埃及。在这里，女人可以嫁给自己中意的人。无论多么恼怒，萨芭丝特最终还是让步了。然而，他太宠爱这个侄女，下定决心要为她的幸福做些贡献。既然仆从阿梅尼乌一无所有，那只有一个解决方式：让他富有起来。理发师草拟了一份文件，找来证人，以不容置疑的方式将自己的部分财产赠予仆从。

回想起被俘的那天，阿梅尼乌完全不必为自己成为俘虏而感到遗憾！他拥有了新名字，开始了新生活，这都归功于一个

---

① 关于本章，参见 *Urkunden* IV, 1369, pp. 4–16。

女人行使了她的权利，并享有在叙利亚和巴勒斯坦都不存在的自由。为了自己的颜面，理发师还宣称："我只是把塔－卡美奈特交给了阿梅尼乌，他离开我家时什么都没拿走。"这桩婚事看起来牢不可破，萨芭丝特甚至计划把自己前途无量的职业传承给侄女选中的丈夫。这个男人因为妻子的果敢决断而拥有了财富和幸福。

三十二

护佑众生的女先知

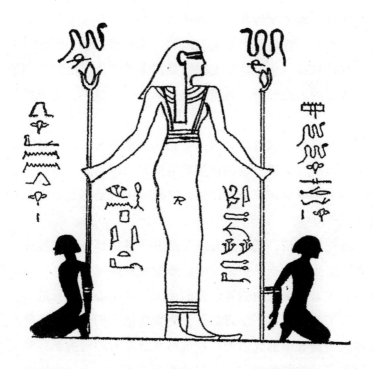

女先知遏制了邪恶的力量。

在位于底比斯西岸的德尔埃勒－梅迪纳赫村里，居住着一些工匠，他们专门负责开凿和装饰国王谷的陵墓群。他们和自己的家眷生活在这里，并且有权享受一位女先知①的服务。"女先知"也可以称为"女智者"。她既是占卜师，又是女医者。已经确认的是，女先知也会往来于其他村落。

女先知是传统的守护者，既能驱散黑暗、分辨真伪，又熟知所有创世主的神话传说，并将它们口口相传，使之传承延续。此外，她还承担其他一些使命。

新生儿的姓名是由女先知取的，她会根据感知到的新生儿的特征而选择名字。这是女先知最基本的工作，因为名字是一个人重要的组成部分，将跟随他进入另一个世界，除非奥西里斯对他做出不利的审判。

这个世界充满危险，因此女先知永远不会失业，她可以在很多方面建言献策。她的首要职责就是接诊病人，对病人生理和心理上的健康情况予以评估，以判断正气是不是能压制并驱赶邪气②。

女先知坚信，无论北方还是南方的神灵都不会对她的病人不利。因为坚信神灵护佑，所以她能驱妖除魔，战胜一切入侵者和毁灭者，无论他们是病魔的使者，还是心怀恶意的人。

为了避免诸多不幸降临，女先知建议人们佩戴护身符或者随身携带能放辟邪咒语的、卷成筒状且被封印过的纸莎草。女先知研习过神祇的语言，并把这些有神力的语言用在恰当的地

---

① 参见 D. Karl, *SAK* 28, 2000, pp. 131 – 160。这个智慧而仁慈的女人自称为"塔·莱赫特（ta rekhet）"，意思是"女智者"。

② *KMT* 4/2, 1993, p. 25.

方。作为医者，她所做的工作先于医生的治疗措施，并弥补了后者的不足。多亏有她，人们的许多健康问题迎刃而解。

古埃及人日常中的两种危险动物是蝎子和蛇。这两种动物以及它们的毒性被详细地记录在书中，虽然有些毒素并不会致命。在遇到被蜇伤或被咬伤的患者时，女先知会同时使用医术和巫术对他们进行治疗。村民们因此可以安然脱险。

女先知也医治动物，例如很多家庭豢养的猫、狗以及驴和其他牲畜。她向一条善良的雌性眼镜蛇①祈求护佑，后者能保佑人们五谷丰登。

在旅行之前，人们会告知女先知，请她保佑一路平安。在丢失物品的情况下，人们也会向她寻求帮助。

在陈述以上这些丰富多样且有实用性的职能的过程中，我们发现，女先知在一个村庄的日常生活中扮演着核心的角色。它的作用不仅限于世俗层面，而且有了她，普通人与神的世界发生了联系。

————————

① 它是列涅努忒女神（Renenoutet）的化身。

三十三
王后的湖泊

    阿蒙霍特普三世的大王后泰伊（Tiyi）是一位有影响力的统治者。埃及从一个繁荣的时期过渡到她的儿子阿肯那顿统治下的"变革"时期，她从中起到了起承转合的重要作用。

    ——王后泰伊浮雕，新王国时期，布鲁塞尔，五十周年博物馆，编号 E. 2157

　　狭长的眼睛凝视远方，颧骨较高，下巴小而尖，神情坚毅且蕴含着天生的高贵气质，由这些可以判断，这个人的性格必定不同于常人——这就是泰伊王后①留给后人的印象。她是阿蒙霍特普三世的妻子，也是新王国时期最伟大的统治者之一。

　　这个女人本不属于王室成员，却有非同凡响的命运。她的父母是位于埃及中部的艾赫米姆城（Akhmim）中的贵族。她的父亲图亚（Touya）是司掌生产的神"敏"（Min）的仆人，主管马厩和马车。她的母亲尤雅（Youya）是一位兼具宗教和经济职能的机构的高层人员，同样受敏神的庇佑。这对夫妇很可能能够接触到权力集团的核心，因为他们享有罕见的特权——在国王谷②拥有一个陵墓。图亚和尤雅的木乃伊保存得非常完好。通过他们墓室中陪葬品的华美程度，可以预见图坦卡蒙（Tout-Ânkh-Amon）法老的陪葬品规模。

广而告之的婚礼

　　阿蒙霍特普三世在位三十多年③。在他的统治时期，天下

---

①　依据为两个小型头像，其中一个小型头像（高 7 厘米、宽 5 厘米）是用绿色的皂石雕刻而成的，发现于位于西奈的沙别艾卡锭；另一个小型头像（紫衫木制成，高 11 厘米）来自法尤姆的迈迪耐特古罗布，现存于柏林博物馆。通过 X 光照相技术（D. Widung, *BSFE* 125, 1992, pp. 15 – 28），人们发现在雕像所戴的有蓝色珍珠装饰的头饰下隐藏着一些王室的标记（哈托尔式的王冠、黄金眼镜蛇、黄金耳环），标志着泰伊王后和女神的身份。为什么要对雕像进行修改呢？也许是因为王后在她的丈夫去世后不再位于权力的巅峰，但仍然具有影响力。没有人能因此得出令人沮丧的结论，譬如认为这意味着过去的美好时光一去不复返了。

②　KV 46.

③　公元前 1386 年—前 1349 年。

太平，百姓富足，社会繁荣。特别是在这一时期，卢克索神庙拔地而起，这是两位建筑总管霍尔（Hor）和苏迪（Souti）的杰作。同时，这也是两位神的名字。哈普之子——阿蒙霍特普三世在去世之后一直以智者的形象受到人们的敬仰和膜拜。在他的统治下埃及到达了国力强盛、疆域安定的鼎盛时期。

阿蒙霍特普三世的第一个决定就是挑选了一位大王后——泰伊。非常罕见的是，他利用一种很有效的传递消息的手段，将他的婚讯昭告天下。他制作了一些彩陶的圣甲虫，尺寸很大，将它们分送到埃及各省以及友邦的君主手中。

这些象征着幸福的圣甲虫像上镌刻的文字能告诉我们什么呢？那就是：法老与一位名叫泰伊的大王后结婚了。"祝她万岁！"人们额手相庆。这些文字同样明确传达的信息是，泰伊的父亲是图亚，母亲是尤雅，新王后的双亲需得到应有的礼遇。国王宣布了属于他的五个王衔，其中一个是"因玛亚特法则而雄起的强壮公牛"，以此提醒天下人：从苏丹的长罗伊到亚洲的米坦尼王国，他在广袤的领土上拥有强大的统治权。它传递的信息非常明确：国王与王后这一对新人的权威毋庸置疑，在凡界王座上的地位坚不可摧。泰伊以一种令天下哗然的姿态被记入埃及历史。

泰伊统辖上下埃及

我们已经得知，"法老"这个具有象征意义的概念是由国王夫妇二人共同组成的。阿蒙霍特普三世和泰伊强化了这一基本概念。大量官方资料的结尾均有"国王阿蒙霍特普三世和大王后泰伊陛下"的字样，用以作为行使上下埃及管辖权的印记，并出现在所有重要的契约文书上。

王后不仅深入参与政治生活，事实上，她的政治权力源于宗教和其象征意义，换句话说，她"与女神玛亚特很相似，追求光明之神——'拉'，因而在法老中占据一席之地"[1]。又可以理解为，在人世间，王后是和谐法则的化身，也是一个公正而稳定的政体中的关键人物。

王后也是天空、爱情和快乐女神哈托尔的化身。她用法力保护国王，正如赫鲁夫的底比斯陵墓中著名的浮雕所表现的那样，国王夫妇和他们的儿子——未来的阿肯那顿出席为他们举办的盛大庆祝活动。这不是一般意义上的社交活动，而是庆祝国王夫妇[2]所代表的王室重获权力的节日。

在阿蒙霍特普三世在位的第三十年、第三十四年和第三十七年，他本人共经历了三次"塞德节"的重生仪式洗礼。在仪式过程中，王后泰伊发挥着主导作用。在底比斯河西岸的马勒卡塔，一处位于王宫附近的场所被修缮一新，专门用于迎接诸神。法老夫妇以不朽的方式将他们结合的信息昭告天下：在遥远的努比亚，他们在靠近尼罗河第三瀑布的索勒伯建造了一座神庙。国王和王后都是在这里举办庆祝重生的庆

---

① 出自赫鲁夫位于底比斯的陵墓（编号192）。

② 作为洞悉哈托尔女神奥秘的人，泰伊头戴眼镜蛇王冠，上面装饰着两根羽毛，象征着生命之风和创世之火，又或是太阳光盘。她主宰着奥西里斯复活仪式中的一个重要环节，即树立代表"稳定"的杰德柱，其重要性可以与奥西里斯复活仪式相提并论。

典，以获得永生。而王后的灵魂卡也在离此处不远的赛坦卡的神堂中接受供奉朝拜。作为哈托尔神的仆从，王后专享这座神堂。

从王后宫到供王后娱乐的湖泊

泰伊拥有实现野心的手段。在王后宫，她所掌控的整个行政服务部门都汇集于此。王后参与法老制度下的国家事务。由高级官员组成的要害部门集中在底比斯，这里是阿蒙神的圣城，也是上下埃及的首都。在阿蒙霍特普三世和泰伊统治时期，底比斯得到了繁荣发展。王后宫里有多个办公室，有不同职责的文书们在此办公。王后宫里还设有多语种会计部，以及织造、木器和雕塑工坊，除此之外，还有多个实验室、面包坊、酒吧，甚至还有一所学校。

和国王一样，王后每天的日程非常繁忙，包括日常的宗教仪式、王后宫的管理和官方会见活动。上至法老，下至平民，每个人都承认泰伊具备诸多优点，她因此得到一份特殊的礼物。这件事被记录在石制圣甲虫上，得以流传后世。

阿蒙霍特普三世统治的第十一年，在为期三个月的尼罗河泛滥季"阿克赫特"的第一天，也就是接近9月末，举行了一个人工湖的落成仪式，这个湖是献给王后的礼物。湖的规模令人惊叹：长3700肘尺，宽700肘尺。这样一份礼物很难不引人注目。

湖泊位于艾赫米姆城北边的德加鲁卡（Ojaroukha），那里是泰伊父母的出生地。如同设想的一样，王后可以在湖中泛舟。后来，湖里的水还作为周边农作物的灌溉水源。那条船的名字同样值得关注，叫作"光芒万丈的阿顿神（Aton）"。阿顿神正是阿肯那顿崇拜的太阳神，那时已经出现在宫廷中了，只是尚未引发分歧。

寡居的王后

为了有朝一日能引起埃及学研究领域的充分重视，有必要不断重复这样一个事实："王子"（或为"王室之子"）和"王女"的称号属于礼仪方面的头衔和职位，很难知道获得此类称号的人是否真的属于王室成员，还是对宫廷显贵的尊称。

这就是我们对泰伊子女的数量一无所知的原因。当然，她诞下了未来的阿肯那顿以及另外两个女儿，但这没有确凿的证据证明。所有出现在家族谱系中、所谓有科学依据的关系都应该被认为是单纯的假设。

阿蒙霍特普三世去世后，王后通过传递圣甲虫像发布了这个消息，"为了她挚爱的哥哥、法老王"。在阿蒙霍特普三世持久而辉煌的统治之后，谁能够接替他呢？为什么不是泰伊自己呢？

她做出了不一样的决定。也许是因为她的长子失踪了，她的次子，一个热衷于研究宗教史料的年轻人，成为第四任阿蒙霍特普。他娶了一个非常美丽的女人——纳芙蒂蒂（Nefertiti）。她并不出于王室家族。在她的次子即位第四年时，他做出了一个令人瞠目的激进的决定：改名为阿肯那顿，意为

"效忠于阿顿神的人"。他修建了新的都城，远离底比斯和他所憎恨的阿蒙神的信徒们。

　　泰伊见证了此次变革，而她既没有参与，也没有反对。她比她的丈夫多活了十一年，尽管退居幕后，却依然非常活跃，特别是在外交领域，具体内容我们将在下一章看到。

三十四
决裂的纳芙蒂蒂

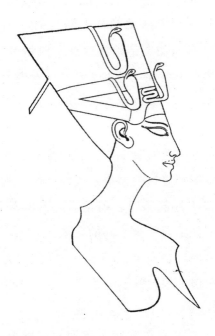

　　纳芙蒂蒂头戴特征明显的王冠，上面装饰着三条雌性眼镜蛇，这表明了她的法老身份。

　　——纳芙蒂蒂的宫殿窗户上所呈现的场景中的肖像

在阿玛纳（Amarna）以创纪录的速度建成的太阳城是纳芙蒂蒂和阿肯那顿的新王都。在阿玛纳遗址处，考古学家发现了一个名字和两座雕像。其中一座人像是在 1932~1933 年的一次考古活动中出土的。这是一个雕塑的头像，现藏于埃及博物馆中。另一座雕像闻名天下，由路德维希·博哈特（Ludwig Borchardt）于 1912 年公之于世。在阿肯那顿的继任者们摧毁的太阳城遗址中，雕像在一处特别的地方被发现——致力于宫廷的雕塑家图特麦斯（Thoutmès）的工作坊中。这座彩陶半身像如今是柏林德意志博物馆的镇馆之宝。

无法明确的出土条件、考古学家的反常表现、令人质疑的真实性……这些是人们对这座著名的纳芙蒂蒂半身像争论的焦点。

每个人都对她的美貌赞不绝口。这位王后不就是最美丽的女人的化身吗？图特麦斯的创作永久地保留了她的美貌。当我们凝视着纳芙蒂蒂的侧脸时，很难对她的容貌做出相反的论断。但她的正面像给人完全不同的印象[1]。雕像所表现的并不是一个温柔浪漫的年轻女孩，而是一个掌控权力的女人，她性格强势果断、积极进取，既不温柔似水也不软弱可欺，却表现出显而易见的优越感和不可抗拒的威严。

而这也符合纳芙蒂蒂的所作所为。在她统治期间，发生了与旧王朝和埃及传统的决裂。决裂的影响如此深远，以至于图坦卡蒙对传统的回归也不能完全弥补决裂产生的鸿沟。

---

[1]　在我的小说《纳芙蒂蒂，太阳的影子》（*Néfertiti, l'Ombre du Soleil*）一书的封面，我复原了雕像上缺失的眼睛，以便我们能端详这位王后完整的面容。

随着宗教和个人崇拜的加速发展，法老制度的象征性和精神性受到严重冲击。通往一神论、排他性和狂热崇拜的缺口被打开了。

谁是纳芙蒂蒂？

关于纳芙蒂蒂的身份信息很少。据说，她出生于一个地方贵族家庭。她的乳母名叫泰伊，与阿蒙霍特普三世的妻子同名。乳母泰伊的丈夫很可能是在阿肯那顿宫廷中担任宗教要职的阿伊。他在年纪较大的时候，继任图坦卡蒙之位成为法老。

"纳芙蒂蒂"是为阿肯那顿所娶的年轻王后准备的王衔，意思是"美人来临"，形象地隐喻了一段关于哈托尔女神的神话传说。为了故乡的和平稳定，哈托尔毅然离开家乡，前往干旱的努比亚。在那里，她变身为可怕的雌狮塞赫美特，一心要毁灭人类。幸而有智慧之神托特的干预，塞赫美特被驯服，重新变回温和仁慈的哈托尔。这被称为"远方女神"的回归。"美人来临"，就是指归来的哈托尔。她是富饶繁荣的守护神。

纳芙蒂蒂这个名字无论从神学上还是从政治上都有特殊意义。自从嫁给了新君，她就自诩哈托尔和玛亚特女神的化身，象征爱情和法则，辅佐君王治理国家。作为不可分割的统一体，国王和王后的名字通常也联系在一起。夫妻一体，才能行使至高权力。

"她的面色莹润，且在一对羽毛饰物的映衬下更显喜色盈盈。幸福的王后具备一切美德，声音悦耳动听。她是优雅的夫

人，也是爱的化身；她的情深义重令统领上下埃及的君主喜不
自胜。"这是新王都的界碑上描述纳芙蒂蒂的一段话。然而从
仪轨的角度，这段文字可以适用于所有埃及王后。

高调的家庭

埃及拥有了新的首都。人民开始信奉新的主神——太阳神
阿顿，其他诸神遭到排挤和冷落。到处可见新建的露天神庙和
新的信仰。对太阳神阿顿的崇拜令其他诸神遭到冷落，人们向
新神献上大量供品，一种新的信仰诞生了。除旧立新的变革还
表现为，纳芙蒂蒂隆重地登上历史舞台，她像一个真正的明
星，吸引了所有目光。每天清晨，她陪在国王身旁，乘坐着一
辆检阅马车，穿过一条宽阔的大道。在公众面前，她毫不犹豫
地亲吻她的丈夫，这样的行为以往简直不可思议。

作为六个女孩的母亲，纳芙蒂蒂是多生多育的模范，她的
家庭享有阿顿神的光辉照拂。她代表着完美幸福的形象，也保
佑人民幸福安康。这就是为什么在其他王朝从未出现的亲密的
家庭场景，在太阳城比比皆是。纳芙蒂蒂为她的一个女儿哺
乳，另一个女儿抚摸着她的下颌；王后坐在国王的膝上，怀抱
着他们的孩子们。

生活在现代的我们很难了解古代人的尊荣和高贵。幸而，
在纳芙蒂蒂坚定的影响下，王室家庭的人情味和日常生活被展
现给世人，从而以强有力的方式证明，这种极致的幸福是阿顿
神的恩赐，国王夫妇是唯一与阿顿神有直接联系的人。

"阿顿神完美无瑕"是这位王后的王衔之一。每天早上，

她都要举行献祭太阳神的仪式，太阳的光辉笼罩着神庙。人们再也无须在秘密的祭坛上小心翼翼地唤醒神的力量，太阳神的光芒泽被万民，普照四方。太阳升起意味着生命，而阳光消失意味着死亡。阿肯那顿和纳芙蒂蒂是神秘与激进力量的结合，国王写了很多诗歌，赞美太阳神，它的成就令诸神失色。他也给予周围亲近的人同样的教诲和影响，这在新首都许多显贵的墓室墙壁上得到印证。纳芙蒂蒂荣列女神之位，在阿顿神庙的中心位置能找到她的雕像，信众们在此向她祈祷膜拜。

一位女法老王？

通过文件资料中的蛛丝马迹，我们可以猜测纳芙蒂蒂很可能是人们转而信仰阿顿神的这次社会变革的推动者和倡导者。她以泰伊为榜样，参与政权的重大决策。她甚至比她的母后走得更远，以法老王的姿态出现。这引发了一些埃及学家的猜测，判断她很可能在短时期内独自治理过国家。

例如，美丽的纳芙蒂蒂出行时独自乘坐马车，佩戴弓箭，从寝宫前往阿顿神庙。当她乘坐为王族准备的船只时，她呈现出典型的法老姿态，紧紧抓住敌人的头发，用大棒击碎敌人的头颅。[1] 追根溯源，这一动作象征着法老战胜了黑暗势力。

纳芙蒂蒂的形象还独自出现在宫殿的"显圣之窗"上，她在向另一名女子[2]交还尊贵的饰物——黄金项圈。其他一些

---

[1]　这一场景出现在波士顿美术馆收藏的一件文物上。另一件来自阿玛纳、重现于卡纳克神庙的文物也表现了同一主题。

[2]　迈赫特雷（Meretrê）夫人。

细节也倾向于证明，王后的服饰对于这位强权女性太局限了，她并不是一位没有存在感、低调内敛的"可爱的妻子"。

泰伊的最后一次出现

底比斯曾经是埃及的首都，那里的人们崇拜阿蒙神。作为定都底比斯时期的代表人物，母后泰伊会有怎样的命运呢？她没有遭到迫害，也没有被抛弃。她的儿子阿肯那顿在太阳城为她准备了一座宫殿。太阳城被誉为"阿顿神光明照耀的地方"，到处都是漂亮的房屋花园，水道密布。一位总管被派来管理这位老妇人的居所。泰伊直到新王即位第十一年，才接受了她儿子迁居的邀请。

国王夫妇热情地接待了泰伊，并且大肆宣传她的到访。因为这位母后尽管退居幕后，却依然具有举足轻重的影响。她的存在使人安心，避免底比斯陷入混乱。特别是当令人担忧的紧张气氛开始显露时，她却仍担任外交事务专员，负责和外国首脑保持联络。

根据阿玛纳的外交部档案记载，泰伊——"埃及的女主人"——是唯一掌握国家机密的女人。人们只想和她商量国事，因此她是在担忧埃及局势的外国君主和埃及法老之间起斡旋作用的中间人。比如，米坦尼国王曾经直截了当地建议阿肯那顿去咨询他的母亲，以便获取准确的信息！

泰伊为了维护国家和平做出了巨大贡献。她和丈夫阿蒙霍特普三世亲手缔结了多个"具有外交意义的"联姻。阿蒙霍特普三世通过迎娶外国公主的方式，维持与其他国家的联盟关系，遏制潜在的入侵者对武力的狂热。在阿肯那顿时期，这一外交举措得以延续。人们猜测是泰伊一手"包办"了她的儿子和米坦尼公主①的政治联姻。米坦尼王国是维护埃及国土安全的关键国家。

关于泰伊最后出席的晚宴，场面有些怪异，这在一位名为胡伊的显贵的陵墓中有所呈现。当信奉新神的纳芙蒂蒂和阿肯那顿像普通人一样咀嚼肉食时，泰伊热衷于模仿他们吃东西的样子。国王夫妇的仪态让她感到震惊，这种粗俗的举止让她非常反感。显然，伴随着新的宗教信仰而来的是神圣感的缺失，这相当令人不快。

阿肯那顿和纳芙蒂蒂执政的第十一年，也就在那年之后，泰伊消失了。她被葬在哪里了？她很可能被葬在太阳城，在纳芙蒂蒂和阿肯那顿为王室成员修建的陵墓中。后来，这位伟大王后的木乃伊的下落不明。根据一种较为可靠的推测，在阿肯那顿统治时期之后，泰伊的木乃伊被重新送回底比斯，安置于她的丈夫阿蒙霍特普三世的身边。陵墓位于国王谷的一处旁支所在，位置偏僻，隐藏在不见阳光的山中。时至今日，泰伊的木乃伊依然没有被找到。但在人们的记忆中，泰伊永远不会被遗忘，人们对她的尊崇和热爱持续了很长时间。

纳芙蒂蒂理想的陨灭

阿肯那顿统治的第十二年，依托于信仰阿顿神的理想国达

---

① 她的名字叫基娅（Kiya），在阿玛纳很受宠爱，在王朝末期发生动荡之时，她很可能被遣返回自己的祖国。

到了它的巅峰时期。当新王国时期的法老们努力维护的和平受到威胁时，阿肯那顿和纳芙蒂蒂多半是在泰伊的怂恿下，决心在首都召开使臣大会，以彰显埃及王权的坚不可摧。

如今，对这对统治者夫妇的"现实政治"的赞美成为一种时髦的论调。他们之所以采取这样的举措，很可能是注意到了赫梯人的崛起，又或是在形势不利的环境下无力抵御土耳其人的好战黩武。

如果和未来的埃及法老塞提一世和拉美西斯二世的态度相比较，可以发现阿肯那顿更为优柔寡断，容易被敌人散布的假消息所欺骗。可以肯定的是，在他执政的第十一年召开的那次使臣大会取得了巨大成功。国王与王后意气风发，外国君主们怎么会不向他们馈赠大量珍贵的礼物呢？

然而，有一样礼物出乎意料：一种传染病。关于传染病是瘟疫的揣测并无事实依据，但这种病毒确实是通过一个或多个外国使臣传染给当地百姓的。

王室成员也未能幸免于难。国王夫妇的第二个女儿夭折了，恐慌随之蔓延。赐予生命的太阳神怎么能令众生遭受死亡的惩罚呢？在王室陵墓中展现了这样的场景：纳芙蒂蒂和阿肯那顿痛哭流涕，表现出一副很有人情味和烟火气的模样。这在之前历任法老身上都从未出现过。在古埃及，死亡不是生命的终结，而只是一个过渡，至少对"忠诚的信徒"来说是这样的。

随着泰伊的去世和年轻公主的夭折，所有的一切开始坍塌。为什么？因为纳芙蒂蒂和阿肯那顿全心全意地信仰太阳神，因而废除了所有奥西里斯的仪式，包括复活仪式。石棺的周围再也没有女神环绕，只剩下纳芙蒂蒂！既然白昼象征生命，夜晚象征死亡，既然太阳城中不再举行奥西里斯的祭祀仪式，那么就意味着一个死去的孩子再也无法复生了。理想国陨灭了。

关于这个王朝的终结有很多论述，未来还会有人继续研究。埃及学家的想象力是无止境的。相关史料既稀少又隐晦。除非有新的考古发现，否则一切仅仅是主观臆断。

被普遍接受的说法是，纳芙蒂蒂死于阿肯那顿之前。事实上，我们对此一无所知。纳芙蒂蒂（"太阳的影子"）是否是在属于她的神堂里香消玉殒的？阿肯那顿是否死于他在位的第十七年？纳芙蒂蒂被埋葬在何处？她的木乃伊是否被运回底比斯的陵墓群？她的陵墓是否有待被人发现？类似很多问题尚未得到解答。

唯一可以确定的是，纳芙蒂蒂是一位与传统决裂的王后。她的统治标志着法老时代的埃及第一次出现死亡。多亏了图坦卡蒙和哈伦海布（Horemheb），后者是王室司书官和未来的君主，缔造埃及文明的核心价值理念得以重见天日。然而，蛀虫已经进入果实，尽管经过了几个世纪才使其腐朽，但是此后的埃及再也无法回到从前那些王朝所缔造的黄金时代。

三十五
王后谷

　　女法老王哈特谢普苏特本应享有葬在国王谷的礼遇，因为这里是新王国时期的法老们、部分王族显贵和他们的宠物的长眠之地。另一位王后——萨特－拉（Sat-Ra），"光明之神的女儿"，在底比斯河西岸修建了另一处陵墓群，后来被人称作"王后谷"，并因此闻名于世。而它原先的名字其实是"灵魂重生之地"①。

　　萨特－拉是谁呢？她是拉美西斯王朝第一任法老的大王后。拉美西斯王朝一共有十一位国王。她很可能是塞提一世的母亲和拉美西斯二世的祖母。她的丈夫被委以管辖上下埃及的重任时，年纪已经有些大了。

　　在拉美西斯统治时期，埃及历史被揭开了新的篇章。关于信仰阿顿神的插曲已经被尘封，哈伦海布重新振兴了昔日的传统，恢复了底比斯往日的地位。然而，外部环境已经发生了变

---

　　① 还有其他的译法，互不排斥，比如，"完美之地""至美之地""王族后裔之地"。参见 C. Leblanc, *Ta Set Neferou. Une nécropole de ThèbesOuest et son histoire*, I, Le Caire, 1989；«La Vallée des Reines», *Dossiers d'Archéologie*, Dijon, 1992。

化，又变得危机重重。新王朝重新信奉神圣的光明之神——拉，缔造了金字塔时代充满创造力的强大国家。

拉美西斯一世在位的时间很短，尽管他位于国王谷的陵墓规模不大，却保留有令人瞠目的迷人色彩。他的妻子做出了一个伟大的决定，就是开辟了一个新的地方——王后谷。王后谷被荒凉的峭壁环绕，而国王谷恰恰相反，是一个视野开阔的小山谷，位于河西岸山脉的最南面。

王后谷原先是一些王族显贵的小陵寝的所在。萨特－拉认为这个地方很适合作为王后的冥所。尽管她的陵墓规模较小，但用于召唤灵魂重生的画面和文字一应俱全。在她之后，第十九和第二十王朝的大王后们也把这处荒凉的山谷作为与神灵进行终极联结的场所。

这里安葬的不只有王后，在拉美西斯三世统治时期，一些公主也长眠于此。陵墓建筑的色彩保存完好，堪与国王谷的陵墓媲美。陵墓中所描绘的画面既不体现趣闻轶事，也不记载历史，主要表现跨越冥界之门，进入永生之旅，以及与神灵心意相通的场景。

王后谷遭受了多次浩劫。因为出入方便，王后谷成为偷盗和破坏行为的牺牲品。特别是基督教徒们，惊惧于女神和王后们的面容和姿态，认为这些女子过于妖艳，是邪恶和诱惑的化身。于是只有两种解决办法：要么就把雕像和壁画破坏殆尽，要么就在表面涂上一层灰浆遮蔽起来。正是因为这样，有时简单的清洗就能让那些被遗忘的面庞重见天日。不幸的是，阿拉伯人焚毁了大量木乃伊，整面墙壁上的壁画和雕像被永久地摧毁了。

1903 年，意大利人欧内斯托·斯基亚帕雷利（Ernesto Schiaparelli）进行了一次大规模的考古行动，发现了六十九座陵墓，其中最著名的是拉美西斯二世的大王后奈菲尔塔利的陵墓，这是埃及艺术史上最具代表性的瑰宝之一。

相关研究仍在进行中。还有一些王后的身份没有被识别，但可以肯定的是，她们的陵墓都在王后谷中。

三十六
王后的巨像

　　王后头戴双层王冠，额前佩戴眼镜蛇造型的饰物，手持象征成长和生命的权杖，她是神圣的母亲的力量在凡间的化身。

——让-弗朗索瓦·商博良

在梵蒂冈有时会发生奇迹，一个美轮美奂的埃及博物馆的存在就是奇迹之一。博物馆中收藏了许多珍品，其中包括一座三米高的石像。新王国时期以巨大石像著称，这些石像所塑造的并不都是法老①。比如，这座石像就是王后图伊（Touy）的雕像，这是一位个性非常突出的王后。可以说，她生命中的两个男人——丈夫塞提一世和儿子拉美西斯二世——都称得上"伟人般的"法老。他们的身边当然需要一个像图伊②这样性格刚毅的女君主。

和以往一样，人们对于她作为世俗形象的经历一无所知。重要的是，她称自己为"穆特 - 图伊"（Mout-Touy），因此受底比斯最伟大的女神——阿蒙神的妻子所庇佑。"穆特"意为"母亲"，也有"死亡"的意思。伟大的母亲孕育了所有生命，穆特可以变身为可怕的狮子，将光明之神的敌人放入锅中焚煮。在举世无双的卡纳克神庙里有许多狮面女的形象。这座庙正是为献祭女神穆特而建。

塞提一世在其统治时期实现了非凡的成就。在短短十三年③里，他成为古埃及历史上最伟大的奠基者之一，为后人留下了伟大的奥西里斯神庙和阿拜多斯纪念碑，这座"永恒神庙"位于底比斯河西岸的古尔纳。此外，他的遗产还包括国王谷最大的陵墓，其中的装饰具有重要的象征意义，如同一座

---

① 在巨型石像中，有阿布辛贝神庙中的奈菲尔塔利的巨石像，也有拉美西斯二世的公主——梅里特 - 阿蒙神（Mérit-Amon）。后者的石像发现于艾赫米姆城，高八米，重达四十多吨。
② L. Habachi, *RdE* 21, 1969, pp. 27 – 47.
③ 公元前 1291—前 1278 年。

取之不尽的宝藏。

　　在开罗博物馆，塞提一世的木乃伊保存得非常完整，人们可以凝视这位君主平静祥和的面庞。他的名字取自谋害奥西里斯的人——赛特！为什么取这个名字？因为作为拉美西斯时期第一位君主的继承人，塞提一世面临着一个严重的威胁：赫梯士兵的入侵日益升级。国王需要赛特的力量，因为后者不仅仅是一位邪恶的、扰乱和平的神，还拥有暴风雨的力量。他在黑暗的中心屹立于运送法老灵魂的太阳船的船头，击败试图摧毁太阳船的恶龙。

　　赛特的力量在宗教范畴和世俗世界都有所体现。宗教方面，它具化为在奥西里斯的圣地——阿拜多斯修建的建筑群；世俗方面，则表现为对赫梯人的抗击。尽管图伊不遗余力地斡旋，外交资源依然消耗殆尽，军事行动势在必行。塞提一世成功遏制住了敌人，在叙利亚－巴勒斯坦走廊重建和平。这一区域是入侵埃及的必经之路，也是动荡频发的地区。

　　图伊，伟大的母亲穆特的仆从，诞下了一个男孩。这个孩子的诞生具有超乎现实的意义。因为神圣的父亲阿蒙神借助国王的躯体与王后结合。他所散发出的来自神秘的庞特之地的香气如此甘美，以至于王后无法抑制对他的渴望。得益于哈特谢普苏特的记载，这种说法为大众所熟知。阿蒙神允诺道："我将让我的儿子成为法老。"来自神的诺言得以兑现：图伊生下了未来的拉美西斯二世。

　　在塞提一世去世后，他的儿子做好了执政的准备。拉美西斯二世的母亲比丈夫多活了二十二年，又因为儿子对其敬爱有加，因而她在宫廷中享有举足轻重的地位。当拉美西斯二世在尼罗河三角洲地区建造了新的首都——被誉为"绿松石之城"的比－拉美西斯（Pi-Ramsès）之时，他还不忘纪念他亲爱的母亲，专门为她献上一座中王国时期风格的雕像①。雕像的某些部分被重新改动过。对于古埃及人来说，这些举动所传达的信息是显而易见的：图伊代表高贵的传统，并且与她所延续的黄金时代密不可分。

作为一个孝敬母亲的儿子，拉美西斯二世总是将他的母亲与自己的小家庭紧密联系在一起。作为证明这种深厚感情的最重要且永存的标志，他在拉美西姆神庙专门为图伊设置了神堂。这座永恒神堂的遗址至今仍具有令人着迷的魅力。在那里，母后图伊与哈托尔女神合体，她与拉美西斯的父神阿蒙结合一事被呈现出来。图伊的雕像高达九米，她因而永远被世人铭记！

在拉美西斯二世执政的第五年，这位年轻的法老和他的父亲一样，不得不面对赫梯人的侵扰。在很多神庙的墙壁上刻有表现卡迭石战役的场面。在那场著名的战役中，拉美西斯二世孤军奋战，身边只剩下他的骑士侍从和拉着战车的马匹，他们被数千敌军团团包围。他该怎么办呢？他向阿蒙神祈求："我的父啊，你为什么抛弃了我？"这一次，父神并没有抛弃他的儿子，而且给了他足够的力量击败敌人。又一次，光明战胜了黑暗。赫梯人意识到他们无法入侵埃及，最终同意缔结和平条约。

是谁给赫梯王后写了一封信，对这个令人愉快的结局表示

---

① 开罗博物馆，编号 JE37484。

满意呢？正是年迈的图伊。她厌恶战争，很高兴能通过交换国礼的方式巩固近东地区刚刚达成的势力均衡。

　　这个伟大的女君主在垂暮之年才去世。她被葬于王后谷①，死后极尽哀荣。由于墓室被盗，她的陪葬珍宝已经被窃一空，只有一个卡诺匹斯罐的罐盖保存了下来，庇佑复活的年轻王后拥有如花的笑靥。

---

①　第八十号墓。

三十七
阿布辛贝神庙的女人

在阿布辛贝神庙，女神哈托尔和伊西斯为拉美西斯二世的大王后奈菲尔塔利（又译尼斐尔泰丽）授予王冠。女君主右手拿着"生命之匙"，左手握着权杖。她的王冠由太阳、两根象征明亮天空的羽毛和两只牛角组成，让人联想到天空女神哈托尔。

——让－弗朗索瓦·商博良

　　每一个有幸看到奈菲尔塔利陵墓内壁画的人，即使是在短暂参观中的惊鸿一瞥，也能感受到那一刻如蒙上天恩宠。这里的埃及艺术作品的水平登峰造极。这仅是一座陵墓？当然不是，这里是永恒之地，是奈菲尔塔利的灵魂经历重要仪式的洗礼、得以永生不灭的圣坛。这些仪式以文字和图画的形式被详细记载。

　　奈菲尔塔利的出身无人知晓。虽然她不像大多数埃及王后一样出身王室，但她仍然嫁给了拉美西斯二世。奈菲尔塔利——"美人中的美人""绝世美女""完美的女人"——选择了先辈中一个声名赫赫的名字——雅赫摩斯－奈菲尔塔利。她在拉美西斯二世即位前就嫁给了他。很快，她就作为"统领上下埃及两地的女君主、管辖所有疆域的女主人、令诸神称意的女人"，在重要的仪式庆典上出现。

　　根据传统，埃及法老夫妇共同治理国家，国王是"阿蒙神的宠儿"，王后是"女神穆特的宠儿"。夫妇二人代表着落于凡间的神仙伴侣，担负着保障国家安定的职责。而凡间的埃及其实是神界的映像。

　　无论是雕刻还是绘画，奈菲尔塔利的肖像展现的都是一位理想王后的形象，正如卢克索神庙中的一段文字所描述的：

　　　　她是备受赞美的王妃、优雅的女王、甜蜜的心上人、上下埃及的女主人和完美的化身。她的手中拿着叉铃（埃及古代乐器）。她为父神阿蒙带去快乐，也是众人的挚爱。她头戴王冠，拥有美丽的面庞和歌唱家般的嗓音，而且她的话语令人感到愉悦。凡她所求，均能达成；凡她所愿，尽皆实现。她的言谈话语令人喜形于色，而她的声音令人感受到生活的乐趣。

从即位伊始直至香消玉殒，奈菲尔塔利作为大王后的影响力无处不在。即使不从浪漫主义角度出发，人们也能察觉到奈菲尔塔利是拉美西斯二世挚爱的人。后者以不朽的方式向她证明这份伟大的爱情：他命人在阿布辛贝的努比亚遗址上修建了两座神庙，颂扬国王和王后永久的结合。两座神庙位于尼罗河三角洲地区的新首都——比-拉美西斯以南一千三百千米的地方。

当这两座神庙落成时，正是拉美西斯二世在位第二十四年的冬天。那时奈菲尔塔利是否依然健在？这是否是她最后一次旅行呢？在近四分之一个世纪里，这位王后出席了很多宗教和外交活动。她以新王国时期的历任王后为榜样，为维护和平与外国元首们保持密切的往来，特别是在标志着埃及人和赫梯人打成平手的卡迭石战役之后更是如此。在拉美西斯二世执政的第二十一年，她的愿望实现了：两国的领导者以各自信奉的神灵为担保，签署了互不侵略条约。条约的遵守开启了近东地区一段长久的和平时期。埃及王后和赫梯王后的表现令人钦佩。埃及王后说："作为你的姐妹，有我在，一切无忧，我的国家亦无忧。"

在发现阿布辛贝神庙的过程中，假使奈菲尔塔利仍然活在世间，她是否能想象这个地方会如此辉煌？作为献给女神哈托尔的圣地，这个地方是经过精心选择的。凡是亲眼见过这两座神庙原遗址的人都无法忘记从船上看到耸立的宏伟的巨型人像的那一瞬间。然而由于阿斯旺（Assouan）水坝灾难性的建设，神庙原址被纳赛尔湖淹没了。

大神庙献祭给拉美西斯的灵魂——卡，内神庙则献给奈菲尔塔利。王后会出现在国王的神堂中，反之亦然。

拉美西斯的意愿表达得很明确：他建造了一所永恒的艺术品，献给女神穆特永远的、独一无二的宠儿——大王后奈菲尔塔利。在穆特光辉的照耀下，奈菲尔塔利的光芒普照，如日中天。

神庙前代表国王和王后的巨像仿佛从崖壁上跃然而出。而神庙就是在崖壁上开凿出来的，被当作神圣的洞窟和施展法术的场所，庇护生命的源头。生命的力量通过泛滥的河水得以彰显。作为哈托尔女神的化身，奈菲尔塔利掌控着蕴含生命创造力的涨潮和法老的重生。当她向神灵献祭时，头戴无与伦比的王冠，被左右环绕的伊西斯和哈托尔掌控着心神。大王后的身姿窈窕飘逸，手持生命之钥和花卉的权杖，她的王冠由两根长长的羽毛和两只牛角组成，中间是旭日升起的造型。

在尼罗河第二瀑布的下游，阿布辛贝神庙就屹立于河畔。神庙由两个神圣洞窟组成，这里一直是国王夫妇举行祭祀活动的场所。例如，阿蒙霍特普三世和泰伊也曾来到努比亚，他们的莅临令这一建筑名声更盛，成为滋养埃及的中心。

从金字塔时代以来，也可追溯到更久远的历史，陵墓总是和神庙联系在一起。在神庙里，人们举行祭祀仪式和宗教活动；陵墓则是它的男主人或女主人跨越阴阳之界获得永生的地方。奈菲尔塔利的陵墓建于王后谷①。在这里，能工巧匠们向

---

① 第 66 号墓。

世人展现了这位王后所经历的重生过程。

我们不知道奈菲尔塔利确切的死亡时间和相关情况。陵墓被盗过，王后的木乃伊早已不知所踪①。她那装饰着玫瑰花样的石棺已经被毁，仅存几块骸骨，还有不少家具、几件器皿、箱子的碎片以及一些被指派在冥界做苦力的替身俑"乌什布蒂"。此外，还发现了一双凉鞋，王后穿着它们走过通往永生的美妙旅程。

经过对陵墓细致耐心的修复，它恢复了原有的鲜艳色彩。人们不厌其烦地欣赏、解析那一系列表现奈菲尔塔利洞悉至高奥秘的过程。

如果仅凭信仰，祭礼不足以取得成功。首先，需要念出正确的咒语，以便获得鹮头人身的托特神赠予的司书官的书写板。这样，王后才能编纂、书写象形文字，写下神的话语，并宣告："我是司书官，我履行'玛亚特法则'，并带'玛亚特法则'前来。"履行"玛亚特法则"，是指为人公正正直；带"玛亚特法则"前来，意为将和谐的法则归还给制定这一法则的神。

王后不仅是司书官，也是工匠。她学会了纺织技艺，能辫织出创世的经纬，故而她要向所有工匠的主人——普塔神（Ptah）献上神圣的织物。

决定性的时刻来临了，即通过玩一种策略游戏——塞尼特棋决定输赢。在王后面前的是不可见的对手。这是一盘不能输的棋局。只有赢得棋局，王后才能在诸神的引导下见证凤凰现

---

① 部分木乃伊的膝盖骨残骸是否属于她呢？

身。凤凰名为贝努（benou），它与混沌之初从孕育能量的海洋里出现的第一块岩石息息相关。接着，与圣甲虫凯布利神（Scarabee khepri）的会面令奈菲尔塔利可以在永恒的旅程中永无休止地变化。

在最后一个阶段，王后可以同时进行洞悉光明之神拉的奥秘和冥界的太阳神、"忠诚的信徒"的君主奥西里斯的奥秘。用一句话就可以揭示本质："奥西里斯成就了拉，拉也成就了奥西里斯。"由于参与了太阳神的演化，奈菲尔塔利受到伊西斯的邀请，在复活者的宝座上占有一席之地，并且可以与创世主神阿图姆对话。

"金色圣殿"的天花板是这座神堂最精美的部分。天花板上布满繁星，在繁星环绕中，奈菲尔塔利王后获得永生。

　　奈菲尔塔利王后在哈托尔面前演奏鼓乐，并向她敬献莲花。通过完成以上祭礼，她赢得了女神的喜爱，使河水丰沛，为埃及带来肥沃的土壤和繁荣兴旺。

——让-弗朗索瓦·商博良

三十八
对抗恶老板的女人们

尽管人口激增在很大程度上引发了一些经济问题，但拉美西斯时期的埃及一直保持繁荣兴盛，直至末年才走向衰落。作为一个农业大国，这个国家拥有大量牲畜并种植各种规模的农作物。尼罗河泛滥带来的淤泥和充满智慧且高效率的灌溉系统保障了人民的基本生活。

在农业劳作中，女性表现得积极活跃，其中塔卡莱（Takare）夫人就是一个例证。这个名字并不平庸，意思是"神圣光明的力量"。事实上，她的确名副其实！她不愿做个家庭妇女，于是受雇于一位地主，负责管理一大群牲畜①。这是一项很有难度的工作，不仅对雇工的能力要求高，而且很辛苦，但是埃及人依然毫不犹豫地把这样的工作交给一名女性去完成。

塔卡莱自认为有能力胜任这份工作。直到有一天，她的雇主出于我们无从知晓的原因得出了相反的结论。于是双方发生

① 引述于《阿纳斯塔斯纸莎草卷第（四）卷》（*Papyrus Anastasi Ⅳ*）。

了争执，她被解雇了。

这个地主找了另一个女人顶替塔卡莱，而且对新雇员很满意。然而，他完全没有预料到，团结会以一种出乎意料的方式出现。这位新雇员找到了塔卡莱寻求建议。

塔卡莱并没有拒绝她，她甚至表现得非常积极，以至于这两位女性竟成为朋友。塔卡莱向她抱怨地主是以怎样过分的态度将她辞退。新雇员被她说服了，决心不让此事不了了之。

两个女人一起起诉雇主。村镇和省会的法庭都没有给出令她们满意的结果。她们并没有放弃主张自己应有的权利，于是前往最高司法机关，那是玛亚特法则的维护者——总理大臣主持的法庭。

这件轶闻具有深远意义。古埃及的女性不仅在大多数行业担任重要的职位，拥有决定性的经济地位，而且她们受人尊重。维护公平和公正是法老文明的基本准则。塔卡莱夫人和其他许多女性一样，无论富有还是贫穷，都为这场正义之战贡献了力量。

三十九
拉美西斯时期的女法老： 塔沃斯塔

　　在登上法老王位之后，塔沃斯塔（Taousert）王后举行敬献香脂的仪式，旨在增加创世主的法力。

　　——引述于乔伊斯·泰德斯利（Joyce Tyldesley）的著作《埃及王后编年史》（*Chronique des reines d'Égypte*），南方文献出版社，2008 年，第 116 页

　　如果说有一件杰作被世人低估了，那一定是塔沃斯塔王后成为法老之后在国王谷所修建的巨大陵墓。安放着石棺的墓室金碧辉煌，内部装饰着精美绝伦的画作。这些画作具有象征意义，均出自王室丧葬系列典籍，描绘的是国王的灵魂在重生为新的太阳神之前，先要对付冥界的守门人，并且穿越危险的领域。埃及艺术中最精美的彩绘浮雕中的几幅杰作就出自这座陵墓，特别是两位女神伊西斯和奈芙蒂斯的肖像也在其中，她们总是同时出现。

　　细细浏览这座陵墓中长达一百一十多米的神堂，人们在这里很容易陷入深深的沉思。当人们注视着这些艺术奇迹时，不禁想要探究这位女法老王的身世。她发号施令，让德尔埃勒－梅迪纳赫村民开凿了这座陵墓，并把它装饰得精美绝伦。

　　拉美西斯二世执政时间很长，将近六十七年。在他之后，一个并不年轻的王室成员——国王的儿子麦伦普塔赫（Merenptah）继承了拉美西斯二世的王位，并且阻止了一次"海上民族"① 的进犯。"海上民族"是一群觊觎、掠夺埃及财富的匪帮。

　　这位铁腕君王的继承人很有胆量地重新选用塞提这个名字。然而，塞提二世却没有和他那位著名的先祖塞提一世一样的好运，并没有因为这个名字而获得神的力量。在他短短五年的执政生涯中，权力从内部分崩离析。当塞提二世留在位于尼罗河三角洲地区的首都时，另一位在底比斯的君主②意图篡夺统治权。上埃及和下埃及，两块国土之间最基本的联系破裂

---

① 所谓海上民族，主要是来自小亚细亚和爱琴海沿岸岛屿的人。他们并不是一个单独的民族，也不是居住于一个特定地方的民族。——译者注

② 阿蒙麦西斯（Amenmès）很可能获得了阿蒙神大祭司的支持。

了。在古埃及人眼中，没有比这更糟糕的事了。

塞提二世的大王后不是别人，正是塔沃斯塔。关于她的出身和家庭情况，没有任何史料可以提供说明。她的丈夫去世后，她成为王国的实际统治者，很有可能是垂帘听政。新的法老是一位受单足畸形困扰的年轻人①。他在位的时间和塞提二世一样短。接下来，人们终于迎来了阅历丰富的塔沃斯塔的时代，她成功地从灰衣大祭司和王后的身份跃升为法老。

在这一时期，国库大总管拜伊（Bay）似乎发挥了显著的作用，他也是王室司书官和司酒官。他倾向于支持谁呢？他是否是王后忠心耿耿的拥护者，愿意帮助她登上至高的位置，抑或是一个觊觎王位的阴谋家呢？事实很明显：拜伊被安葬在国王谷，这是对这个国家忠心不二的仆从最高的礼遇②。这位富有而有权势的大臣可能一手扶植了新的国王，最终却因惹人厌而落得被处决的下场。现代历史学家很愿意把当今社会的政治品行投射到法老时代的埃及，认为古埃及的王室充满了阴谋诡计……但也许这些在当时并不存在！

对于塔沃斯塔的执政时间，官方说法是不少于八年③。这期间的情况，我们几乎一无所知。"富于爱心、温和、受人爱戴的君主，上下埃及的女王"，这些对塔沃斯塔的美誉实至名归。她重新实现了埃及的统一。在尼罗河三角洲地区、赫里奥波里斯、孟

---

① 麦伦普塔赫－西普塔赫（Mérenptah-Siptah）。
② KV 13.
③ 公元前 1196 年－前 1188 年。在其丈夫塞提二世去世后，塔沃斯塔开始执政。她将塞提二世供上神坛受人崇拜，同时抹掉了麦伦普塔赫－西普塔赫和阿蒙麦西斯的印记。

菲斯、阿比杜斯、努比亚，甚至是在西奈，处处可见她遗留的印记，无论是具有象征意义的还是真实存在的。因此，她是一位无可争议的女王，统领着一片和平的疆域，震慑敌人于千里之外。

她的名字选得恰如其分。塔沃斯塔，意为"强大的女人"。她的王衔同样意味深长，意思是"强壮的公牛、玛亚特的宠儿"。这位新任的女法老王证实了她的创造力和对永恒秩序的恪守。她也是"令埃及融合、令外国臣服的女人"。因此，人们称呼她为"塔沃斯塔"，意为"强大的女人"，并将至高的权力托付于她。

她的"永恒神庙"建于底比斯河西岸，这是一座规模宏大的建筑，至少有五十米长，其灵感来自拉美西斯二世的神庙。周围环绕着制造工坊和食品仓库。遗憾的是，这座神庙现在仅剩下断壁残垣。

而她位于国王谷的陵墓①尽管遭遇盗窃，依然留下了精美绝伦的神堂。有一个疑问：法老王塔沃斯塔是否陪伴塞提二世法老长眠于此？这难道不值得注意吗？

塔沃斯塔唯一的雕像来自赫里奥波里斯，头颅部分已经缺失了，只有几件珍贵的器皿作为微薄的陪葬品。她统治的结局并不清晰，这个当上法老的王后始终是一个谜。如今存世的有一顶黄金王冠②，周围有十六个穿孔，用于交替固定黄色和红色的金质花朵。这件饰物证明她确实被奥西里斯的法庭判定为"忠诚的信徒"，并因此被授予了这顶作为佐证的王冠。

---

① KV 14.
② 该王冠陈列于开罗博物馆，编号 CG52644，直径 17 厘米，重 104 克。

四十
享有财产处置权的自由女性

当一个女人进入迟暮之年，大限将至，即将开始在另一个世界的旅程，她会回首往事，也会设想未来。关于过去，她不过有漫长一生中的一些纪念。留存在底比斯河西岸的德尔埃勒－梅迪纳赫村是负责修建国王谷陵墓群的工匠们聚居的地方。关于未来，正如诺纳赫特（Naunakhte）[①] 夫人所计划的，留下一笔可观的遗产给她的孩子们。这是她最初的计划，也符合基本的逻辑。

在拉美西斯五世在位的第五年，埃及得以休养生息。数年之前，拉美西斯三世还不得不进行陆地和海上的战役，以抵御"海上民族"的一波新的攻击。凭借高明的战术指挥和埃及军队无畏的勇气，拉美西斯三世给了入侵者迎头痛击。

国家的忧患消除了，诺纳赫特夫人终于可以为自己的家庭问题操心了。按照她自己的表述[②]，她是"法老国度中的自由女性"。这是她对自己的存在价值做出的重要评价。

[①] 该词意为"强大的城市"。

[②] J. Černy, «The Will of Naunakhte», *JEA* 31, 1945, p. 29 *sq.*

诺纳赫特夫人对八个人有抚育之恩，包括她的子女和家人。摆在眼前的问题是，谁会"把自己的手放在她的手上"，换句话说，谁会在她身处困境的时候施以援手？

从她的角度，每当别人请求她慷慨付出时，她总是心怀仁慈，从不拒绝。她的子女能住在一所舒适的房子里，都多亏了她。然而若说投桃报李，情况却远不及预期。子女中有哪一个愿意照顾一个令人生厌的老妇人呢？

因此，她不得不进行痛苦的思考。没有法律能强迫诺纳赫特必须把财产遗赠给她的子女。作为一个自由女性，她和其他埃及女性一样，可以按照自己的意愿处置财产。这是自埃及文明起源之时就存在的惯例。无论单身、已婚、再婚或寡居，女人们有权保有自己的财产，可以任意处置，并且能够决定财产分配方案。

这个年迈的老妇人是失望的，也是清醒的，她不得不接受现实：对于她的恩德，她的子女却以忘恩负义作为回报。他们狂妄地以为这种行为不会得到报应，因为他们认为母亲太过赢弱，不敢剥夺子女的继承权。

他们太不了解诺纳赫特了。她找来一个证人，并发表声明："对于照顾我的人，我将赠予他我的一部分财产。对于轻视我的人，我什么都不会留给他。"

结果，四个薄情寡义的子女被剥夺了继承权。不仅如此，很有可能他们的父亲——一个司书官——也和母亲保持了一致态度。实际上，无论他的意见如何，他都无权处置妻子的财产。

几个忠心耿耿的工匠反而得到回报。其中一个人得到了一个银质水壶，价值相当于十余袋谷子。子女对此不得提出异议，因为他们的母亲获得了法庭明确的裁决："诺纳赫特夫人就其财产做出的遗嘱真实有效。"法老统治时期的女权自由确实所言不虚。

四十一
临危受命的女歌者

　　拉美西斯十一世是这一漫长王朝的最后一个法老。王朝的没落终结于经济危机的爆发，随后利比亚和努比亚裔的君主登上了王位。然而，在拉美西斯末代法老掌权的第十二年，即大约公元前 1086 年，埃及国内尽管存在经济动荡，但仍处于和平安定之中。

　　埃努塔乌伊（Hénout-Taouy）夫人有很多烦恼。按常理来说，这个底比斯女人生活无忧。她在法庭任职，负责一些庆典活动的组织工作，这类活动相当频繁。此外，她还有神职在身，在神庙担任为阿蒙神献唱的歌者。她的丈夫奈斯－阿美尼佩特（Nès－Amènipet）是一位司书官，负责皇家陵墓的维护和德尔埃勒－梅迪纳赫村工匠们的粮食供给。这些工匠要求很高，若是粮食供给时间耽搁了，一定会严厉投诉他。作为对工匠们辛勤付出的回报，国家为他们的生活提供保障，令他们衣食无忧。

　　一批为工匠们准备的粮食即将抵达底比斯港。和往常一样，司书官本应亲自到码头检查这批货物的数量和质量。然而，突然来了一道命令，国王召令司书官远离底比斯执行公务。司书官无法拒绝这趟公差，否则就会影响职业前途。

因此，他必须找一个谨慎细心、正直诚实的人代替他完成任务。司书官想到了他的妻子——埃努塔乌伊。作为阿蒙神的歌者，她在神职领域不是也执行过不少公务吗？负责照料德尔埃勒－梅迪纳赫村和居住在那里的工匠们，这是一项非常严肃的任务。奈斯－阿美尼佩特没有把任务委托给其他人，而是求助于妻子。考虑到这项临时交托的任务困难重重，而且责任重大，她会甘冒风险接受任务吗？

这个埃及女人不是一个甘于居家的柔弱女子，虽然远离公共事务，却能协助她的丈夫，并且赢得他的信任。

丈夫出差了，埃努塔乌伊自己去底比斯港口迎接船长。船上装载着供给德尔埃勒－梅迪纳赫村工匠们的粮食。她没有过多地寒暄，而是在履行签收手续之前亲自检查货物。

结果出人意料而且令人不快！粮食的数量远远少于预期。可以想象对方苍白的聒噪和令人尴尬的解释，目的不过是希望埃努塔乌伊网开一面，或者至少保持缄默。可惜他们是白费力气，因为埃努塔乌伊要求展开深入调查，以确定谁是这次失误，或者严重点说，这次贪污腐败事件的直接责任人。人们相信她能秉公决断，圆满地了结此事。

埃努塔乌伊履行了应尽的职责，将粮食督运到工匠们居住的村庄，工匠们对她的能力交口称赞。在回到底比斯之后，她的丈夫对她也是赞誉有加。

四十二
如果我收养我的爱妻

我们仍处在拉美西斯十一世时期。这一次，我们要了解的是某个城市①中的马厩头领奈布奈斐尔（Nebnéfer）的痛苦。奈布奈斐尔的工作报酬丰厚，还有一位深爱的妻子——那奈斐尔（Nanéfer）。夫妻二人过着幸福平静的生活。值得一提的是，这对夫妇名字中都有"奈斐尔"，含义之一是"善良"，这在他们以后的经历中将会有所体现。

这对夫妇没有子女，这点并不会有损名誉。和许多著作中阐述的内容相反，古埃及人对于子孙兴旺并没有执念②。不仅如此，我们还知道，节育和优生是他们常用的措施："在埃及文明中，世俗生活和宗教信仰之间的联系牢不可破，令人惊讶的是在这样一种社会存在节育和流产的措施。然而，我们引述

---

① 塞佩尔美鲁（Sepermerou）即为今天的巴纳萨（Bahnasa）。A. H. Gardiner, "A Dynasty XX deed of Adoption," *JEA* 26, 1960, p. 23 *sq.*; E. Cruz-Uribe, "A new look at the Adoption Papyrus," *JEA* 74, 1988, pp. 220 – 223; C. J. Eyre, "The Adoption Papyrus in Social Context," *JEA* 78, 1992, pp. 207 –221.

② 详见本书"父亲的姐妹"式婚姻一章中提到的第九条箴言。

的文章的确证实了对上述措施的使用。这似乎可以解释为女性拥有重要地位。在古埃及，女性的社会地位，无可置疑的司法地位，对文化生活的参与，担任先知、医生以及祭司等重要职务，这些有助于女性实现生育可控的愿望。"①

也许，奈布奈斐尔比他的妻子年长不少，或者是他身体不好，总之，他开始为自己死后将成为寡妇的妻子谋划未来。对于他的妻子，我们所知寥寥。她在神庙中负责礼仪工作，担任令人生畏的赛特神的歌者。赛特性情暴烈，有时需要用女性的声音来安抚。

但是，奈布奈斐尔为什么如此忧心忡忡？原因很简单也很平常：他害怕家族中的其他成员贪婪难缠，反对他留下的有利于他那"美丽而善良"的妻子——那奈斐尔的遗嘱。采取什么样的方法才能使她免受骚扰或敲诈呢？

"收养"，这是一个很恰当的表述！虽然那奈斐尔是他的妻子，她也可以变成……他的女儿！这样一来，她的司法地位将得到巩固，这位寡妇所拥有的双重继承人的身份将不可侵犯。

相关手续想必非常严格。奈布奈斐尔将一个专门负责司法事务的司书官和多名证人召集在一起。证人包括四名担任马厩首领的同事、两名军人和几位女士，其中一名女士是赛特神的歌者。作为担保人，他们要证明年迈的丈夫所表达的意愿清晰、明确，并按照法定程序将其意愿写入遗嘱中：他收养那奈

---

① R. - A. Jean et A. - M. Loyrette, *Encyclopédie de l'univers végétal*, Ⅱ, Montpellier, 2001, p. 537 *sq.*

斐尔，使她成为法定的遗嘱受益人，继承他所有的财产。

在这位深情而仁慈的丈夫去世后的十八年里，那奈斐尔仍然活得很好，权益没有受到任何侵犯。她的行为也证明她是一位慷慨仁慈的女性，拥有高尚的灵魂。她将自己继承的财产分给在她寡居的艰难日子里依然留在她身边的亲友。因为那奈斐尔始终没有再嫁，宛如她的丈夫依旧在世一样。

两个人成为她慷慨馈赠的对象：她的小弟弟帕迪乌（Padiou）和她的女仆，后者是一个男孩和两个女孩的母亲。帕迪乌爱上了女仆的大女儿。听从心的指引，也出于对丈夫的缅怀，寡居的女人收养了她的弟弟，并把财产遗赠给他，使得他可以和女仆的大女儿过上幸福的日子。

四十三
神之乐师

由女性组成的乐团深受人们喜爱。她们在音乐会上演奏竖琴、鲁特琴、齐特拉琴、鼓、笛子等，而这样的场合从不缺歌舞。对于音乐的喜好不仅见于神庙，在官方庆典或是私人娱乐场合也屡见不鲜。

——让－弗朗索瓦·商博良

被称为"衰落的埃及"的时期始于第二十一王朝。那时的埃及，国家仍然拥有独立主权，尽管内乱和动荡十分严重，但经济仍未瘫痪。辉煌的底比斯依旧富裕殷实，守护着传统，而在远离底比斯的下埃及和尼罗河三角洲地区，外部势力日渐渗入这个国家。

有相当数量的重要文献来自这一时期，其中包括阿蒙神的女歌者——埃鲁本（Herouben）的纸莎草卷。关于这位侍奉神的乐师，我们对于她的世俗身份无从知晓，但是可以通过这份无与伦比的文献中的图案，了解她所参与的其中一个仪式的情景。

歌者埃鲁本跪在一个象征着她所遵从的法则的台座上，接受两位神的洗礼，他们分别是王权的保护者荷鲁斯和智慧之神托特。他们的水瓶中倾倒出的不是水，而是寓意为"生命"和"成长"的象形文字符号。

其实，这种符号体系发源于王室。在举行唤醒神的力量的仪式之前，法老所接受的正是同样的洗礼。这意味着，这位以她的主人大王后为榜样的女乐师洞悉了至高奥秘①。

埃鲁本的职责是什么呢？在古埃及，音乐无处不在，深入人们的日常生活和神庙的活动中。乐师的笛声伴随着农民的劳作，任何一个社会活动的重要节点，例如收获葡萄的时节，都离不开音乐。歌唱、舞蹈和音乐演奏使可怕的雌狮平静下来，

---

① 一些著作仍然认为，部分人，甚至一些法老，"窃取"了前人的成果。如果说有某个词在埃及学中被用得过分了，那就是"窃取"这个词。埃鲁本没有窃取仪式，她只是亲身经历了仪式。没有一个埃及法老"窃取"先辈的建筑和雕塑，他们只是通过自身才华和能力使它们重获生机。

令温柔的女神哈托尔恢复原形，并且使孕育生命力量的尼罗河涨水。在冬天的第四个月的第一天，女神的女乐师们离开神庙，到城市和村庄中列队演奏，歌颂她们神圣的主人。就像在宴会上或其他欢庆活动中一样，她们在这种场合会使用丰富多样的乐器，例如竖琴、鲁特琴、齐特拉琴、里拉琴、鼓、响板等。

她们的首要任务是通过传播美妙的声音，驱逐邪恶与不和谐。为了达到这个目的，能够发出连续的金属音的叉铃①发挥着关键作用。在摇动叉铃的同时，哈托尔的女乐师们驱散了黑暗。从基督教时代的最初几个世纪，到菲莱岛上最后一个伊西斯的信徒团体被屠戮，叉铃始终被广泛使用，用来驱邪避魔。

正如莫扎特的歌剧《魔笛》中所表现的，一对夫妇领悟了伊西斯和奥西里斯神的奥秘，音乐战胜了死亡。古埃及人对此坚信不疑，并且将音乐融入所有重大的仪式中，例如在法老重生的仪式上，"两个宠姬"一边歌唱一边演奏竖琴，以便为君王重新注入活力，令新的太阳重生于世。

一个雕塑的残片为我们提供了绝佳的佐证，这是被称为"最年长者"的塞姆塞特（Semset）夫人的雕像残片。她向凝视她的人这样诉说："你们站在我面前，凝视着手持'美那特'项链②和镜子的我。为了我，你们敬爱神灵，给予我生命的盛宴，记住了我美丽的名字……因为我是一个优秀的乐师，也是一个洋溢着温柔爱意的完美女人，备受赞誉。更确切地

---

① 叉铃由一个长柄组成，顶端呈椭圆形，上面穿孔，孔中穿着一些可移动的杆。
② 复活的项链。

说，我是神灵欣赏和赞美的人。"①

　　在她浸润着音乐的漫长的生命中，这位女性感染着她的丈夫和子女。而与她共事的那些被召唤到神庙参与宗教仪式的女乐师们令她的回忆永存。

---

①　C. Zivie-Coche, «Mélanges F. Dunand», *Cenim* 9, 2014, p. 453 et 458, et note 81.

四十四
一个女性王朝：女祭司

　　一位被赋予皇族权力的女祭司向阿蒙神敬献玛亚特女神的
供品，而玛亚特法则是法老国家的基石。

——让·勒克朗（J. Leclant）

在侍奉阿蒙神长达七十年之后，第十一任女祭司开始感到岁月不饶人。她的名字对我们来说有点复杂：安克赫娜斯－奈菲里布雷（Ânkhnes-Néferibrê，下文简称安克赫娜斯），意为"法老为她而生，神圣光明的完美之心"，但这个名字确实反映了这位伟大的女性为她的使命所赋予的精神价值。

安克赫娜斯①属于一个特殊的女性群体：这个群体出现于公元前1000年，在近半个世纪的时间里，统辖富饶的底比斯地区，管理着这一地区的神庙，包括宏伟的卡纳克神庙。这是法老赋予她们的权力。十二任女祭司执掌过这个职位，其中几位甚至执掌了相当长的时间。

在生命垂暮之际，这个垂垂老矣的女人难道没有回想过她即位的那个难忘的日子吗？在位的女祭司，又被称为"母亲"，挑选了她作为继承者，也就是"女儿"，两者之间并没有世俗意义上的血缘关系。直至生命结束之前，"母亲"要引领"女儿"了解她所担负的重要职责的奥秘，并向她提供必要的建议。

作为国王普萨美提克二世的女儿，年轻的安克赫娜斯由年迈的第十任女祭司尼托克丽丝通过仪式"收养"。在公元前594年，尼托克丽丝向她的继承者打开了阿蒙神庙的大门。无论从宗教还是世俗意义上来说，这座神庙都将由新的女祭司管理。

安克赫娜斯是伟大的歌者、手持鲜花的女子、阿蒙神信众的领袖。她成为伟大的祭司，领导着所有男性和女性神职人

---

① 她位列十二女祭司之一，详见 *LdÄ* II，792 *sq*。

员。在她的即位仪式上，有很多达官显贵出席，安克赫娜斯接受了属于她的礼服和饰物。她戴着以鹰为造型的头饰，这代表着"母亲"穆特女神，额前装饰着雌性眼镜蛇造型，身穿长长的紧身长裙，裙上的双翼围绕着下半身，颈上和手臂上戴着硕大的项链和黄金手镯。她的倾国之姿足以配得上阿蒙神新任妻子的身份，而她的天籁之声，在唱起颂扬阿蒙神荣光的圣歌时显得格外动人！①

正如我们所见，"阿蒙神的妻子"的制度始创于王后雅赫摩斯－奈菲尔塔利，在女祭司族群时代达到巅峰。女祭司们既无须是处子，也不必独身，但她们只有一个丈夫——阿蒙－拉。她们的使命是在世间彰显神的存在，布施他的恩德，并赢得神的眷顾。阿蒙神双手置于妻子身上，亲自将力量传递给她。他赐予她生命，她以高贵的姿态拥抱他。他们具有象征意义的结合孕育了底比斯的繁荣。女祭司宣称自己是阳光普照的天下的君主，她保佑世间万物生长，她的名字和法老的名字一样，铭刻在纪念碑的椭圆形装饰框中，这个或长或扁的椭圆形象征着宇宙。阿蒙神的妻子是创世之火的化身，执行玛亚特法则②。

在交出重担九年之后，尼托克丽丝离开了人世。安克赫娜斯成为她的"母亲"所修复的女祭司神殿的唯一所有者。从

---

①　这段描述源于另一个女祭司——卡罗玛玛（Karomama）的镀金铜像，商博良非常喜爱这件艺术品，将它带回到卢浮宫收藏。

②　创世主神阿图姆创造了一对夫妇，代表生命和光明之风的神——休（Chou）和代表创世之火和宇宙法则（玛亚特）的特夫纳（Tefnout）。然而，女祭司完成的仪式就好像是"第一次与特夫纳对立"。详见 J. Leclant, «Tefnout et les Divines Adoratrices thébaines», *MDIAK* XV, pp. 166 – 171。

此，她独自负责所辖土地上的农耕活动。一个可媲美国王的卡的大总管负责管理这份庞大的财产，用以供养神职人员。

女祭司们深受百姓爱戴。她们维护着底比斯的安定和繁荣。在这个富有的地区，远离北部动乱的百姓们非常重视传统，怎么会不把女祭司们视若法老呢？

她们供奉祭品，主持奠基仪式，在卡纳克神庙和梅迪内特哈布建造礼拜堂，举行奥西里斯的复活仪式。她们在四个方位射箭以圣化神堂，把自己装扮成斯芬克斯的形象，在炭火中烧掉代表光明的敌人的小塑像，聚拢火把以驱邪避魔。尽管她们享有王室所有特权，无论安克赫娜斯或是其他女祭司都不会僭越在位的法老。她们的权力仅在底比斯地区行使，十二任女祭司中，没有一个人企图越过这个地域的界限。

安克赫娜斯的陵墓很早就准备好了。她让人在自己的石棺①上镌刻上可上溯到古王国王朝时期的铭文，以证明她至高无上的精神地位。

当她到了垂暮之年，回忆起自己以阿蒙神的侍者身份度过漫长平静的一生，她做出了自然而然的决定：收养一个女儿，把自己的使命和经验都传承给她。被选中的是阿美西斯法老的女儿，也叫尼托克丽丝，和安克赫娜斯的"母亲"有着同样的名字。

她能预感到自己将是第十二任也是最后一任女祭司吗？并

---

① 1832年，法国的考古人员发现了石棺，却没有得到学术界权威的认可。相反，伦敦大英博物馆判定这个石棺确实属于安克赫娜斯。波斯人侵入了这位女祭司最后的长眠之地，烧毁了她的木乃伊，但是关于她的信息深藏在石棺上的文字中，随着石棺得以幸存于世。

不是埃及法老终结了这一女性王朝，而是波斯人入侵底比斯地区并大肆劫掠，导致这一祭司制度消亡。在公元前525年，波斯人蜂拥而至之时，安克赫娜斯很可能已经去世了。然而，面对波斯人，那位也叫尼托克丽丝的女祭司的结局恐怕十分悲惨。

四十五

"圆满之年"，智者的妻子

一对永结同心的夫妇面对一桌贡品，注视着他们的来生。

——出自雷克密尔之墓

在所有具有标志意义的埃及遗址中，赫尔莫波利斯城（Hermoplis）的遗址——托特神圣城占据着非常特殊的地位。可惜的是，圣城只残存了少得可怜的遗迹，作为智慧之神和司书官的主宰——托特神建造的巨大神庙也完全被毁了。然而，在圣城不远处，图纳埃尔－加贝尔（Tounahel－Gebel）陵墓群里保存着一座举世无双且完好的建筑——佩托西里斯（Petosiris）① 的陵墓。这位托特神的大祭司经历了发生于上下埃及的侵略战争，他所在的地区也未能幸免。

在被占领了二十五年后，埃及人终于成功赶走了波斯人，于公元前405年重新获得独立。在此之后，三个王朝② 的绵延令法老的子民重新燃起希望。可是，他们忘了，作为伊朗人的祖先，波斯人以不屈不挠和好斗尚武闻名。在公元前342年，波斯人卷土重来，最后一任法老内克塔内布二世被打败了。波斯人展开了第二次占领行动，比第一次更具破坏性，且毫不留情。

像是一场漫长的噩梦，胜利者妄图一举摧毁法老们的埃及，毫不犹豫地掠夺和破坏所有神庙。

尽管遭到贬黜和侮辱，佩托西里斯还是保住了他的祭司职位，并且维持着最低限度的宗教活动。不久以后，在公元前333年发生了一个奇迹：一个希腊人——亚历山大大帝成功地打败了波斯帝国！在埃及，他被当作救世主并受到欢迎，但是

---

① 他名字的意思是"诞生奥西里斯之男人"。关于他的陵墓中的文字和图画出版物，详见 G. Lefebvre, *Le Tombeau de Pétosiris*, réimpression 2007, Institut français d'archéologie orientale du Caire.

② 第十八王朝、第十九王朝和第二十王朝。

为了当上法老，他不得不向这个国家的风俗和传统低头，以获得持久的和平。

诚然，从那以后，上下埃及都受辖于同一个希腊首都——亚历山大城。在亚历山大大帝之后，希腊的君主们在埃及建立了托勒密王朝。尽管如此，自由的风气还是再度兴起，波斯人被驱逐的事实卸下了人们心头的重负。

佩托西里斯充满热情地重新投入工作。他的任务可能超乎寻常：修复神堂，恢复圣湖和光明普照的圣山的昔日荣光，让神职人员各归其位，恢复节日庆典活动，寻回占领期间遗失的典籍，重建图书馆。

佩托西里斯并不是孤军奋战，在他身边有一位了不起的妻子。她喜欢身着轻盈飘逸的祭服，佩戴黄金项圈和手镯。她名叫朗佩特-内菲莱特（Renpet-Neferet），意思是"圆满之年"。当埃及人和他们的孩子又能够举行庆祝新年的仪式时，他们感到由衷的满足！

在劝诫人民遵守玛亚特法则、跟随神的指引的同时，祭司夫妇决定建造一处家族陵墓。从外部看，这座陵墓像是一座规模小巧的神庙。这座建筑令人称奇，堪称历史的见证，因为它融合了希腊和埃及两种不同的风格。

在陵墓外部，能看到从金字塔时代延续下来的经典场景：农耕、畜牧、葡萄收获、劳作中的金银工匠和细木工匠，还有关于亚麻采摘和香料经营艺术的场景。这些场景是以"希腊式"呈现的，而灵感的来源却是"埃及式"的。

在陵墓内部，恰恰相反，看不到一丝一毫对所处时代风气的妥协。传统的文字和图画描绘了家族成员受诸神迎接的场

面，以及他们脱离肉体的灵魂进入天国的景象。一位智者，应
该就是指佩托西里斯本人，与其他智者相聚了。依照他的承
诺，他的所作所为，即为契约。他将抵达西方净土，经受了死
亡的考验，因生前为人公正、恪守玛亚特法则，最终得享极
乐。

朗佩特－内菲莱特①不负使命。就像许许多多埃及女性一
样，她的角色非常明确。在家族陵墓中，一段文字描写了深爱
她的丈夫所欣赏的妻子的所有美德，字里行间蕴含着对她的尊
重和深情厚谊，准确地塑造出一位妻子的形象，这也是法老时
代的历代埃及王朝所树立的形象：

> 他的妻子是优雅的主人；她温柔似水，谈吐得体，能
> 言善道，能写出箴言妙语；凡从她口中所出，无不合乎玛
> 亚特法则；她是完美的女人，于所居之处遍施恩惠，扶助
> 他人；凡她所言，必是良言，合心顺意，无人不喜；听她
> 所言，不闻邪秽；她为众人所爱戴，她的名字是朗佩特－
> 内菲莱特，意为"圆满之年"。②

---

① 一位被当作圣人的女性，在上埃及第九省被尊为神。sur Oudjarenes，详见 *RdE*
46, 1995, 55 *sq*。
② 铭文 58, 8 –12（勒费弗尔译）。

四十六
受监护的埃及女性

诚然，其他章节的内容写起来更让人心情舒畅，但我们不能回避事实。公元前 2 世纪，一个埃及女性[①]的经历反映了发生在埃及人和希腊人之间的分裂，也标志着埃及开始没落。

阿波罗妮娅（Apollonia）是一个希腊女人，她的父亲是一名士兵，她起了一个埃及名字——塞尼特 - 孟图（Sénet-Montou），意为"孟图的姊妹"，是在战争中武装法老臂膀、保护底比斯安全的鹰神。如同托勒密王朝统治下的许多人一样，她的身上体现出两种文化。阿波罗妮娅生活在阿蒙城南边的一个村庄里，她已经习惯了埃及人的生活方式，包括女性享有的自由以及职业生涯和司法上的独立地位。由于远离希腊世界的压迫，她有幸感受到一种全新的生存状态。

在二十多岁，阿波罗妮娅嫁给了德里顿（Dryton），一个四十岁左右的骑兵军官。他是带着一个男孩的单身父亲。他们

---

① S. B. Pomeroy, "Apollonia (also called Senmonthis), wife of Dryton: woman of two cultures: paper delivered at the colloquium" on *Social History and the Papyri*, Columbia University, 9 avril 1983.

缔结了婚约。根据古埃及的法律，年轻女子对于她在结婚前已有的财产和婚后所得财产拥有永久所有权。阿波罗妮娅并不贫穷，她的父亲留给她很多土地。而且，她还是一个有商业头脑的女人。她通过把自己的土地租出去一部分，或者放贷获取收益。这在法老的国度并不稀奇。在这里，女性做生意是司空见惯的事，女性的经济独立也可以得到保障。

但是，在托勒密王朝，埃及的新主人是希腊人。上述情况让希腊人主宰的统治阶级很不满，他们拥有政治和军事上的统治权，于是慢慢地修订法律，将女性享有的权利逐一废除①。

在结婚二十四年后，德里顿动了剥夺妻子权利的念头。阿波罗妮娅并不担忧，他的这种典型的希腊式的行径难道不是非法的吗？可叹的是，她的乐观主义已然不合时宜，有一种观念开始占据上风：女性拥有财产的所有权和支配权是不正当的。一个不利于阿波罗妮娅的阴谋开始酝酿，这一次，她丈夫的企图得逞了。阿波罗妮娅失去了法律意义上的自主权，受制于托勒密王朝新的法律，她必须受到监管。从此以后，对于一个女人来说，她再也不可能在文件上签上自己的名字，或是独立管理自己的财产。她必须有一位法定监护人，大多数时候这个人会是她的丈夫。他可以以他的名义行事，而且是家庭所有财产的唯一所有者。

希腊式思维占了上风。女性不再享有与男性平等的地位，

---

① 托勒密王朝的菲洛帕特（Philopator）强行使女性的所有法律和商业行为必须受到监护人监管。

而是变得低人一等，被当作孩子一样必须受"保护"。基督教和伊斯兰教都没改变这种与法老时代的埃及法令背道而驰的新规。

在托勒密王朝统治下，阿波罗妮娅属于最后一批独立的女商人。她的失败为和她一样的人带来了沉重的打击。由于这次失利，法老时代的埃及最重要的一种价值观消失了。

四十七
最后的法老：克利奥帕特拉

　　克利奥帕特拉七世沿袭法老传统，与担任王室显要职位的儿子一同参加向玛亚特女神献祭的仪式。

这位克利奥帕特拉七世（下称"克利奥帕特拉"）是什么人？这个问题似乎很奇怪，因为所有人都自认为对这位历史上的显赫人物非常了解，一部美国电影甚至将她变成了"电影明星"。然而，如果可以确认她出生于公元前60年，而且作为第七任拥有"父亲的荣耀"的名字——克利奥帕特拉（Cléopâtre）的人。有一种理论倾向于认为她并不是托勒密十二世的女儿，她的父亲只是一个埃及祭司。

为什么会有这种假设呢？因为这个希腊女子的所作所为如同一个真正的埃及女人，她被证实是埃及最后一个法老。值得注意的是，自第二次被波斯人占领之后，埃及就失去了独立主权，而这个女子为了恢复埃及主权，发动了最后一场战争。女神伊西斯激励她选择了这样的命运，并为她立起最后一道屏障，对抗敌对势力的排挤。

美丽的克利奥帕特拉是否因有希腊式的高鼻子而苦恼？她未必如此。根据古代史料记载，她不仅十分迷人，而且很有修养。这位公主的特别之处在于她经常离开自己的宫殿前往亚历山大城图书馆并流连其中，她还掌握多种语言，包括埃及语。

一个大胆的想法经常在这个年轻女子的头脑中萦绕：她不仅要统治、管理埃及，而且要让这个国家重拾往日的辉煌，重新跻身强国之列。但是，在骄奢淫逸的父亲糟糕的统治下，国家日渐衰微，几乎沦为罗马人唾手可得的猎物。在这种形势下，她如何实现自己的梦想呢？何况，克利奥帕特拉面对的困难远不止这些：她并不受亚历山大腐败宫廷的欢迎和喜爱，他们更愿意扶持一个易于操控的少年——她的弟弟托勒密十三世。为了逃避必然发生的刺杀，年轻的克利奥帕特拉不得不接受流放，实现梦想的机会变得十分渺茫。

克利奥帕特拉开始反抗，她建立了一支由雇佣兵组成的军队，并亲自指挥。好运开始眷顾她。

尤利乌斯·恺撒（Jules César）将对手庞培（Pompée）的军团消灭殆尽，横跨地中海追击他直至亚历山大城。他本想在这里将庞培捉住并押送回罗马。然而为了取悦恺撒，托勒密小国王的幕僚们向他献上了庞培的项上人头。恺撒流下了眼泪，他对这些懦夫的行径十分不满。

恺撒是一个性格复杂的人。他无疑是一个铁面无情的军队首领，但他也担任维纳斯神的祭司，很有修养，醉心于星相学，渴望将强大的罗马带向巅峰。

克利奥帕特拉决定走一步险棋：她违反安全禁令，返回了亚历山大城，以一种意想不到的方式贸然出现在恺撒面前。随后就发生了著名的地毯事件：有人将一张地毯在胜利者恺撒的脚下铺开，他赫然发现地毯中出现了一位优雅的年轻女子。这件事确有真实的历史背景。这次本不可能发生的会面成全了两个人的一见钟情。

在爱情和政治抱负的双重作用下，这对恋人为即将实现各自国家的远大理想感到兴奋不已。在亚历山大城一战中，恺撒险些丧生，图书馆被付之一炬，克利奥帕特拉终于摆脱了她的政敌，登上法老之位，开始独立统治上下埃及。

克利奥帕特拉带着恺撒遍游埃及国土，出资修建了伟大的丹德拉神庙①，诞下了恺撒里昂。他是恺撒的儿子，也是未来的法老。在公元前 46 年，克利奥帕特拉的梦想已初步实现，她受邀前往罗马，此行目标非常明确：使恺撒和克利奥帕特拉的结合合法化，前者统治西方，后者统治东方。这样一来，古老的法老国度将重获新生了！

　　然而，这个埃及女子没能取悦罗马的政客们。他们对于让一个外国女人登上权力巅峰持敌对态度。在公元前 44 年 3 月 15 日，恺撒遇刺身亡。克利奥帕特拉失去了最强有力的支持，担心遭遇同样的命运，她只能返回埃及。

　　胜利当前，却功亏一篑。当然，她的国家重新获得了一定程度的独立主权，但是不能得罪罗马。恺撒的继承人的竞争非常激烈，克利奥帕特拉必须选择一个盟友。既然她曾经征服过恺撒的心，那么她决定诱惑另一位伟大的战士，他就是立下赫赫战功的马克·安东尼（Marc Antoine）。两人的会面安排在一个中立的地方——塔尔苏斯（Tarse），会面的情景通过希腊作家普鲁塔克（Plutarque）的记述可见一斑："克利奥帕特拉乘船沿德诺斯河逆流而上。她的船尾楼用黄金包镶，船上挂着紫色的帆，船桨是银质的。在笛子、里拉琴和芦笛的乐声伴奏下，船桨有节奏地划动。克利奥帕特拉打扮成爱神阿弗洛狄忒的样子，安卧于绣着金线的帐中。一些幼童装扮成画中的小爱神模样，围绕在她身边，为她轻摇羽扇。她的侍女个个天姿国色，装扮成海仙女和美惠三女神的模样，或掌舵摇桨，或解缆升帆。船上香料

---

① 我于 2012 年在巴黎 XO Editions 出版社出版的《克利奥帕特拉最后的梦想》（*Le Dernier Rêve de Cléopâtre*）一书中提到过这一时期。

燃烧的香气飘散到两岸，引来观者如潮。"

正如人们所推断的一样：这不是一场简单的世俗表演，或是仅仅为了迷惑一个罗马男人而做的一场秀。

暂且不论她的奢华排场，克利奥帕特拉的表现有另一层含义：她的出场代表着她的保护女神伊西斯的出场，她来找寻她的伴侣奥西里斯，也就是马克·安东尼。一切进行得如愿以偿！爱情、宗教和政治融为一体。克利奥帕特拉，新的伊西斯女神，将在皈依埃及的罗马男人的辅佐下令埃及重生。

她的意愿非常明显，因为她接受了好几个古老的王衔，以证明自己女法老王的地位："北方和南方的女君主、人间的统治者、荷鲁斯的女性化身。"在丹德拉，克利奥帕特拉以伊西斯-哈托尔的形象出现，身边陪伴着她的儿子——小荷鲁斯。不知道雕塑家为她塑像的时候，她本人是否在场。

她难道只是一个耽于享乐和宴饮的女人吗？当然不是。克利奥帕特拉是一个能治国理政的女子。她推行货币改革，稳固国家经济，扩充军队编制。而且，她的身边不是还有最优秀的战略家——马克·安东尼吗？

选择了安东尼也是她犯下的错误。但是，埃及的最后一任女王有选择的余地吗？教条僵化的屋大维（Octave）永远都不可能拜倒在她的石榴裙下。

尽管经历了最初的失败和罗马的持续监管，克利奥帕特拉并没有退缩，而是鼓动马克·安东尼不要屈从于屋大维的命令。为了扭转局势，她宣布成立东方帝国，埃及是帝国的核心。换句话说，这是公开向屋大维下战书。

当她和马克·安东尼指挥的一场海战获胜之后，克利奥帕特拉坚信能获得最后的胜利。她的舰队难道不比罗马人的舰队更有优势吗？公元前 31 年，双方在亚克兴角进行了一场决定性的战役。一切和预期的大相径庭。由于马克·安东尼的无能，军队作战效率低下，士兵纪律散漫、临阵脱逃……屋大维赢了。

他们没有退路了。马克·安东尼自杀了。至于克利奥帕特拉，她知道自己的理想已经破灭，埃及将沦为罗马统治下的一部分。她选择了一种配得上法老身份的方式了结自己的生命。通常出现在埃及国王额头的雌性眼镜蛇，没有喷射火焰摧毁敌人，而是调头攻击了自己的女主人。[①] 法老时代的埃及，一个自由独立的国度，从此消失了。

---

① J. A. Josephson, «A Variant Type of the Uræus in the Late Period», *JARCE* 29, 1992, pp. 123 – 130.

结 语

——公主雷迪伊（Rédyi）的雕像，第三王朝时期，
埃及文物博物馆，都灵，编号 C. 3065

据我们所知，上图中的这座花岗岩质地、83 厘米高、第三王朝时期的雕像是现存的最古老的埃及女性雕像[1]。也许未来的考古发现能让我们见到更古老的雕像。雷迪伊呈坐姿，头戴宗教仪式上常见的假发，让我们立刻联想到一个词语：高贵。无论她的职位高低，作为自由独立的埃及女性的祖先，她都值得永留史册。古埃及女性无论位于国家权力巅峰还是做着最卑微的工作，都亲手缔造了一个举世无双的伟大文明。

在拉美西斯三世时期，浏览一幅纸莎草卷即可以了解古埃及女性享有的自由权利和她们受到的尊重：她们来去自由，可以去她们想去的任何地方，而不受任何人干涉。[2] 通过资料，人们发现，由法老制度统治的埃及赋予了女性许多合法权益，无论是在第一次世界大战之后的欧洲，还是在当今世界上大部分地区，都从未达到过可以与之媲美的平等程度。

为什么起源于近东的一神教宗教，比如基督教，对女性总是充满敌意？因为女性迷人而美丽，所以被当作魔鬼和邪恶的使者。在埃及各地，基督教徒中有相当数量的狂热分子毁坏女性形象的塑像，将塑像外面涂上一层石灰，以此抵御这些美得令人神魂颠倒的尤物的诱惑。伊斯兰教也排斥任何女性形象的出现，因此入侵埃及的阿拉伯人造成的破坏不胜枚举。

在古埃及，蛇被分为坏的和好的两种。在后者中，就有代表丰收的眼镜蛇女神和雌性眼镜蛇。在法老们的额头上，眼镜蛇照亮黑暗，清除前行道路上的敌人。在基督教徒眼中，这条

---

[1] 都灵博物馆藏品，详见 A. M. Donadi Roveri, *Civilisation des Égyptiens, les arts de la célébration*, Milan, Electa, 1989, p. 99。

[2] 《哈里斯纸莎草卷（一）》(*Papyrus Harris I*), 79, 8–9 et 13。

必不可少的蛇与伊西斯和哈托尔密不可分，是魔鬼的象征和
"邪恶的女人"① 的化身。在我们所处时代的最初几个世纪，
伊斯兰教顽强抵制基督教的扩张，并且最终根除了基督教在埃
及的势力。这种独断的教义取代了伊西斯和奥西里斯的奥秘，
而后者正是提倡用爱战胜死亡。

　　对于女性来说，宗教的影响更为可怕。基督教早期的著名
神学家——特土良（Tertullien）明确指出，禁止女人在教堂交
谈、教习、洗礼、献祭，或是进行其他宗教活动。女性在经济
上受到希腊人的监管，在宗教中的地位也低于男性。在法老时
代，女性在宗教礼仪方面的地位举足轻重，可以胜任最高级别
的职位。

　　未来的某一天，女性是否能够重新享有这些基本权利呢？
在回顾了一些古埃及女性的故事之后，我们的旅程也进入尾
声。让我们想象一下伟大的天空之神——努特。这位宇宙的女
神通过在布满星辰的身体内修炼，吸收陨灭星辰的能量，每天
早上创造出一个新的太阳。是的，天空即女神，她的光芒孕育
了所有生命。

---

① 　M. - O. Jentel, «De la "Bonne Déesse" à la "Mauvaise Femme"：Quelques avatars
du motif de la femme-serpent», *Échos du monde classique. Classical Views*, Calgary,
28, no 2, 1984, pp. 283 - 289.

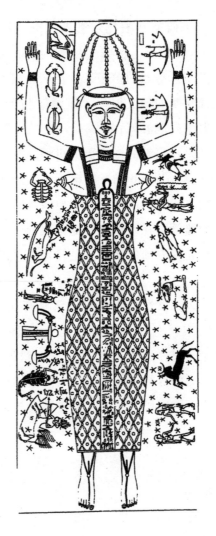

对于古埃及人来说，天空是一个体型庞大、身体布满星辰的女子，她不断地创造太阳。从这幅描绘天空之神努特的作品中，我们可以看到她的周围环绕着象征不同星座的符号。

——赫特的石棺，底比斯，勃勒斯（Brugsch）绘

附录 1
编年表[*]

前王朝时期（公元前 3300 年—前 3150 年）

早王朝时期（第一王朝至第二王朝，公元前 3150 年—前 2690 年）

古王国时期（第三王朝至第六王朝，公元前 2690 年—前 2181 年）

第三王朝（公元前 2690 年—前 2613 年）

主要统治者：

乔塞尔（公元前 2670 年—前 2650 年）

第四王朝（公元前 2613 年—前 2498 年）

主要统治者：

斯尼夫鲁（公元前 2613 年—前 2589 年）

---

* 此处所有年代均为大致时间。关于古埃及编年学一直存在争论。详见 C. Jacq, *Initiation a l'egyptologie*, pp. 32 – 33。

胡夫（公元前 2589 年—前 2566 年）

哈夫拉（公元前 2558 年—前 2532 年）

孟卡拉（公元前 2532 年—前 2504 年）

第五王朝（约公元前 2500 年—前 2345 年）

主要统治者：

乌瑟卡夫（公元前 2500 年—前 2491 年）

萨胡拉（公元前 2491 年—前 2477 年）

奈菲尔塔利（公元前 2477 年—前 2467 年）

乌纳斯（公元前 2375 年—前 2345 年）

第六王朝（公元前 2345 年—前 2181 年）

主要统治者：

特提（公元前 2345 年—前 2333 年）

佩皮一世（公元前 2332 年—前 2283 年）

佩皮二世（公元前 2278 年—前 2184 年）

第一中间期（从第七王朝至第十一王朝前期）

第七王朝至第十王朝为数众多的法老姓名不详

第十一王朝

主要统治者：

因提夫家族

中王国时期（第十一王朝后期至第十二王朝，约公元前

2060 年—前 1785 年）

第十一王朝后期

主要统治者：

孟图霍特普家族

第十二王朝（公元前 1991 年—前 1785 年）

阿蒙涅姆赫特家族和塞索斯特利斯家族，其中包括塞索斯特利斯三世（公元前 1878 年—前 1842 年）和塞贝克诺弗鲁（公元前 1790 年—前 1785 年）

第二中间期（第十三王朝至第十七王朝，公元前 1785 年—前 1570 年，即喜克索斯人占领时期）

新王国时期（第十八王朝至第二十王朝，公元前 1570 年—前 1069 年）

第十八王朝（公元前 1570 年—前 1293 年）[①]

主要统治者：

雅赫摩斯一世（公元前 1570 年—前 1546 年）

阿蒙霍特普一世（公元前 1550 年？—前 1524 年）

图特摩斯一世（公元前 1524 年—前 1518 年）

图特摩斯二世（公元前 1518 年—前 1504 年）

哈特谢普苏特（公元前 1498 年—前 1483 年）

---

① 关于不同统治者的具体年份和在位时间，详见 C. Vandersleyen, *L'Égypte et la vallée du Nil*, PUF, t. II, p. 663。

图特摩斯三世（公元前 1504 年—前 1450 年）

阿蒙霍特普二世（公元前 1453 年—前 1419 年）

图特摩斯四世（公元前 1419 年—前 1386 年）

阿蒙霍特普三世（公元前 1386 年—前 1349 年）

阿蒙霍特普四世/阿肯那顿（公元前 1350 年—前 1334 年）

图坦卡蒙（公元前 1334 年—前 1325 年）

阿伊（公元前 1325 年—前 1321 年）

哈伦海布（公元前 1321 年—前 1293 年）

第十九王朝（公元前 1293 年—前 1188 年）

主要统治者：

拉美西斯一世（公元前 1293 年—前 1291 年在位）

塞提一世（公元前 1291 年—前 1278 年）

拉美西斯二世（公元前 1278 年—前 1212 年）

麦伦普塔赫（公元前 1212 年—前 1202 年）

塞提二世（公元前 1202 年—前 1196 年）

阿蒙麦西斯（公元前 1202 年—前 1199 年）

西普塔赫（公元前 1196 年—前 1188 年）

塔沃斯塔（公元前 1293 年—前 1188 年）

第二十王朝（公元前 1188 年—前 1069 年）

主要统治者：

塞特纳克特（公元前 1188 年—前 1186 年）

拉美西斯三世（公元前 1186 年—前 1154 年）

拉美西斯四世——拉美西斯十一世（公元前 1154 年—前

1069 年）

第三中间期（第二十一王朝至第二十五王朝，公元前1069 年—前 672 年）

第二十一王朝（公元前 1069 年—前 945 年）

第二十二王朝——第二十三王朝（公元前 945 年—前 715年），又被称为"利比亚王朝"

第二十四王朝（公元前 730 年—前 715 年），统治尼罗河三角洲地区

第二十五王朝（公元前 750 年—前 656 年），又被称为"努比亚王朝"

后王朝时期（第二十六王朝至亚历山大大帝征服埃及，公元前 672 年—前 333 年）

第二十六王朝（公元前 672 年—前 525 年），又被称为"塞易斯王朝"

第二十七王朝，第一次波斯统治时期（公元前 525 年—前405 年）

第二十八王朝（公元前 405 年—前 399 年在位）

第二十九王朝（公元前 399 年—前 380 年）

第三十王朝（公元前 380 年—前 342 年）

第二次波斯统治时期（公元前 342 年—前 333 年）

托勒密王朝统治时期：公元前 333 年—前 30 年

罗马统治时期：公元前 30 年 ~ 公元 395 年

拜占庭和科普特统治时期：395 年 ~ 639 年

阿拉伯人入侵：639 年

附录 2
注释及参考书目缩写说明

ASAE：Annales du Service des Antiquités de l'Égypte, Le Caire.

《埃及古代文物部年鉴》，开罗

BES：Bulletin of the Egyptological Seminar, New York.

《埃及学研讨会简报》，纽约

BIFAO：Bulletin de l'Institut français d'archéologie orientale, Le Caire.

《法国东方考古学院简报》，开罗

BSEG：Bulletin de la Société d'égyptologie, Genève.

《埃及学协会简报》，日内瓦

BSFE：Bulletin de la Société française d'égyptologie, Paris.

《法国埃及学协会简报》，巴黎

Caire, CG：Catalogue général

总目录

Caire, JE：Journal d'entrée

《入门日报》

CdE：Chronique d'Égypte，Bruxelles.

《埃及编年史》，布鲁塞尔

DE：Discussions in Egyptology，Oxford.

关于埃及学的讨论，牛津

GM：Göttinger Miszellen，Göttingen.

《哥廷根杂记》，哥廷根

JARCE：Journal of the American Research Center in Egypt，New York.

《美国埃及研究中心日刊》，纽约

JEA：The Journal of Egyptian Archaeology，Londres.

《埃及考古学日刊》，伦敦

JNES：Journal of Near Eastern Studies，Chicago.

《近东研究日刊》，芝加哥

JSSEA：The Journal of the Society for the Study of Egyptian Antiquities，Toronto.

《埃及文物研究协会日刊》，多伦多

LdÄ：Lexikon der Ägyptologie，Wiesbaden.

《古埃及百科全书》，威斯巴登

MDIAK：Mitteilungen des Deutschen Instituts für Ägyptische Altertumskunde in Kairo，Wiesbaden.

《德国埃及考古研究所（开罗）报告》，威斯巴登

RdE：Revue d'égyptologie，Paris.

《埃及学》杂志，巴黎

SAK：Studien zur Altägyptischen Kultur，Hambourg.

《古埃及文化研究》，汉堡

附录 3
插图参考文献

CHAMPOLLION, J.-F., *Monuments de l'Égypte et de la Nubie*, Firmin Didot frères, Paris, 1835-1845.

DAVIES, N. de G., *The Tomb of Nefer-Hotep at Thebes*, Arno Press, New York, 1933.

DAVIES, N. de G., *The Tomb of Rekhmirê at Thebes*, Arno Press, New York, 1943.

DUNHAM D. et W. SIMPSON, *The Mastaba of Queen Mersyankh III*, Museum of Fine Arts, Boston, 1974.

FISCHER, H.W., *Egyptian Women of the Old Kingdom and of the Heracleopolitan Period*, The Metropolitan Museum of Art, New York, 1989.

LECLANT, J., *Recherches sur les monuments thébains de la XXVe dynastie dite éthiopienne*, IFAO, Le Caire, 1965.

MACRAMALLAH, B., *Le Mastaba d'Idout*. Fouilles à Saqqarah, Le Caire, 1935.

NAVILLE, E., *Das aegyptische Todtenbuch*, Verlag Von A. Esches, Berlin, 1886.

Rites funéraires et voyage dans l'au-delà, Atlas, Paris, 2003.

SAMSON, J., *Nefertiti and Cleopatra*, Rubicon Press, Londres, 1985.

附录 4
摄影权

p. 8：©Florence Maruéjol.

p. 24：©RMN – Grand Palais（musée du Louvre）/ Hervé Lewandowski.

p. 31：©Giza Project at Harvard University.

p. 90：©The Trustees of the British Museum.

p. 96：©The Metropolitan Museum of Art, Dist. RMN – Grand Palais / image of the MMA.

p. 134：©MRAH.

p. 201：© Federico Taverni and Nicola Dell'Aquila/Museo Egizio.

附录 5
克里斯蒂安·雅克作品目录

小说
L'Affaire Toutankhamon, Grasset (prix des Maisons de la Presse).
Barrage sur le Nil, Robert Laffont.
Champollion l'Égyptien, XO Éditions.
Le Dernier Rêve de Cléopâtre, XO Éditions.
L'Empire du pape blanc (épuisé).
Les Enquêtes de Setna, XO Éditions :
    * *La Tombe maudite.*
    ** *Le Livre interdit.*
    *** *Le Voleur d'âmes.*
    **** *Le Duel des mages.*
Et l'Égypte s'éveilla, XO Éditions :
    * *La Guerre des clans.*
    ** *Le Feu du Scorpion.*
    *** *L'Œil du Faucon.*
Imhotep, l'inventeur de l'éternité, XO Éditions.
J'ai construit la Grande Pyramide, XO Éditions.
Le Juge d'Égypte, Plon :
    * *La Pyramide assassinée.*
    ** *La Loi du désert.*
    *** *La Justice du vizir.*
La Création du Temple de Salomon, Ebook (uniquement).
Maître Hiram et le roi Salomon, XO Éditions.
Le Moine et le Vénérable, Robert Laffont.
Mozart, XO Éditions :
    * *Le Grand Magicien.*
    ** *Le Fils de la Lumière.*
    *** *Le Frère du Feu.*
    **** *L'Aimé d'Isis.*
Les Mystères d'Osiris, XO Éditions :
    * *L'Arbre de Vie.*
    ** *La Conspiration du mal.*
    *** *Le Chemin du feu.*
    **** *Le Grand Secret.*
La Naissance d'Anubis ou le Crime suprême (nouvelle), J Éditions.
Néfertiti. l'Ombre du Soleil. XO Éditions.

Le Pharaon noir, Robert Laffont.
La Pierre de Lumière, XO Éditions :
    * Néfer le Silencieux.
    ** La Femme sage.
    *** Paneb l'Ardent.
    **** La Place de Vérité.
Pour l'Amour de Philae, Grasset.
Le Procès de la momie, XO Éditions.
La Prodigieuse Aventure du Lama Dancing (épuisé).
Que la vie est douce à l'ombre des palmes (nouvelles), XO Éditions.
Ramsès, Robert Laffont :
    * Le Fils de la Lumière.
    ** Le Temple des millions d'années.
    *** La Bataille de Kadesh.
    **** La Dame d'Abou Simbel.
    ***** Sous l'acacia d'Occident.
La Reine Liberté, XO Éditions :
    * L'Empire des ténèbres.
    ** La Guerre des couronnes.
    *** L'Épée flamboyante.
La Reine Soleil, Julliard (prix Jean-d'Heurs du roman historique).
Sphinx, XO Éditions.
Toutânkhamon, l'ultime secret, XO Éditions.
Urgence absolue, XO Éditions.
La Vengeance des dieux, XO Éditions :
    * Chasse à l'homme.
    ** La Divine Adoratrice.

青少年读物

Contes et légendes du temps des pyramides, Nathan.
La Fiancée du Nil, Magnard (prix Saint-Affrique).
Les Pharaons racontés par…, Perrin.

关于古埃及的论文

L'Égypte ancienne au jour le jour, Perrin.
L'Égypte des grands pharaons, Perrin (couronné par l'Académie française).
Les Égyptiennes, portraits de femmes de l'Égypte pharaonique (épuisé).
Les Grands Sages de l'Égypte ancienne, Perrin.
Initiation à l'Égypte ancienne, MdV Éditeur.
La Légende d'Isis et d'Osiris, ou la Victoire de l'amour sur la mort, MdV Éditeur.

Les Maximes de Ptah-Hotep. L'enseignement d'un sage du temps des pyramides, MdV Éditeur.

Le Monde magique de l'Égypte ancienne, XO Éditions.

Néfertiti et Akhénaton, le couple solaire, Perrin.

Paysages et paradis de l'autre monde selon l'Égypte ancienne, MdV Éditeur.

Le Petit Champollion illustré, Robert Laffont.

Pouvoir et sagesse selon l'Égypte ancienne, XO Éditions.

Préface à : *Champollion, grammaire égyptienne,* Actes Sud.

Préface et commentaires à : *Champollion, textes fondamentaux sur l'Égypte ancienne,* MdV Éditeur.

Rubriques « Archéologie égyptienne », dans le *Grand Dictionnaire encyclopédique,* Larousse.

Rubriques « L'Égypte pharaonique », dans le *Dictionnaire critique de l'ésotérisme,* Presses universitaires de France.

La Sagesse vivante de l'Égypte ancienne, Robert Laffont.

La Tradition primordiale de l'Égypte ancienne selon les Textes des Pyramides, Grasset.

La Vallée des Rois, histoire et découverte d'une demeure d'éternité, Perrin.

Voyage dans l'Égypte des pharaons, Perrin.

其他论文

La Flûte enchantée de W.A. Mozart, traduction, présentation et commentaires de C. Jacq, MdV Éditeur.

La Franc-maçonnerie, histoire et initiation, Robert Laffont.

Le Livre des Deux Chemins, symbolique du Puy-en-Velay (épuisé).

Le Message initiatique des cathédrales, MdV Éditeur.

Saint-Bertrand-de-Comminges (épuisé).

Saint-Just-de-Valcabrère (épuisé).

Trois Voyages initiatiques, XO Éditions :

　　* *La Confrérie des Sages du Nord.*

　　** *Le Message des constructeurs de cathédrales.*

　　*** *Le Voyage initiatique ou les Trente-Trois Degrés de la Sagesse.*

摄影集

L'Égypte vue du ciel (Photographies de P. Plisson), XO Éditions et La Martinière.

Karnak et Louxor, Pygmalion.

Le Mystère des hiéroglyphes, la clé de l'Égypte ancienne, Favre.

La Vallée des Rois, images et mystères (épuisé).

Le Voyage aux pyramides (épuisé).
Le Voyage sur le Nil (épuisé).
Sur les pas de Champollion, l'Égypte des hiéroglyphes (épuisé).

漫画作品

Les Mystères d'Osiris (scénario : Maryse, Jean-François Charles ; dessins : Benoît Roels), Glénat et XO Éditions :
   * *L'Arbre de vie (1).*
   ** *L'Arbre de vie (2).*
   *** *La Conspiration du mal (1).*
   **** *La Conspiration du mal (2).*

《希金斯警察的调查》(*LÊS ENQUETES DE L INSPECTEUR HIGGINS*), XO 出版社 / J 出版社

已出版作品

1. Le Crime de la momie
2. L'Assassin de la Tour de Londres
3. Les Trois Crimes de Noël
4. Le Profil de l'assassin
5. Meurtre sur invitation
6. Crime Academy
7. L'Énigme du pendu
8. Mourir pour Léonard
9. Qui a tué l'astrologue ?
10. Le Crime de Confucius
11. Le Secret des Mac Gordon
12. L'Assassin du pôle Nord
13. La Disparue de Cambridge
14. La Vengeance d'Anubis
15. L'Assassinat de Don Juan
16. Crime dans la Vallée des Rois
17. Un assassin au Touquet
18. Le Crime du sphinx
19. Le Tueur du vendredi 13
20. Justice est faite
21. Assassinat chez les druides
22. La Malédiction de Toutânkhamon
23. L'École du crime
24. Le Démon de Kensington
25. L'Aiguille de Cléopâtre
26. Brexit oblige
27. Crime sur le lac Léman

28. Comédien, assassin ?
29. Sauvez la reine !

À paraître en septembre 2018

30. L'Énigme XXL

参考文献

ALLAM S., *Beiträge zum Hathorkult (bis zum Ende des Mittleren Reiches)*, Munich, 1963.

—, « Ehe », *LdÄ* I, 1162-1181.

—, « Familie », *LdÄ* II, 101-113.

—, « Geschwisterehe », *LdÄ* II, 568-570.

—, « Quelques aspects du mariage dans l'Égypte ancienne », *JEA* 67, 1981, pp. 116-135.

—, « Die Stellung der Frau im alten Ägypten », *Bibliotheca Orientalis* 26, 1969, pp. 155-159.

ALTENMÜLLER H., « Bemerkungen zu den neu gefundenen Daten im Grab der Königin Twosre (KV 14) im Tal der Könige von Theben », in *After Tutankhamun*, Londres-New York, 1992.

—, « Das Grab der Königin Tausret im Tal der Könige von Theben », *SAK* 10, 1983, p. 1-24 et *GM* 84, 1985, pp. 7-17.

—, « Tausret und Sethnacht », *JEA* 68, 1982, pp. 107-115.

ASSAAD F., *À propos de Hatchepsout. Mythe et Histoire*, Sesto Congresso internazionale di egittologia, Atti I, 1992, Turin, pp. 23-27.

ASSMANN J., *Maât, l'Égypte pharaonique et l'idée de justice sociale*, Paris, 1999.

—, « Muttergattin », *LdÄ* IV, 264-6.

—, « Muttergottheit », *LdÄ* IV, 266-271.

BLACKMANN A.M., « On the Position of Women in the Ancient Egyptian Hierarchy », *JEA* 7, 1921, p. 8 *sq.*

BRINGMANN L., *Die Frau im ptolemaisch-kaiserlichen Ägypten*, 1939.

BRUNNER-TRAUT E., « Liebe », *LdÄ* III, 1034-1048.

—, « Die Stellung der Frau im Alten Ägypten », *Saeculum* 38, 1987, pp. 312-335.

BRYAN B.M., « Evidence for Female Literacy from Theban Tombs of the New Kingdom », *BES* 6, 1984, pp. 17-32.

COLE D., « The Role of Women in the Medical Practice of Ancien Egypt », *DE* 9, 1987, pp. 25-9.

DRIOTON E., « La Femme dans l'Égypte antique », in *La Femme nouvelle,* Le Caire, 1950, pp. 8-38.

DUNHAM D., SIMPSON W., *The Mastaba of Queen Mersyankh III G 7530-7540, Giza Mastabas* I, Boston, 1974.

La Femme au temps des pharaons, Musées royaux d'Art et d'Histoire de Bruxelles, Mayence, 1985.

FEUCHT E., « Kind », *LdÄ* III, 424-437.

—, « Mütter », *LdÄ* IV, 253-263.

FISCHER H.G., « Administrative Titles of Women in the Old and Middle Kingdom », in *Varia (Egyptian Studies I),* The Metropolitan Museum of Art, New York, 1976, pp. 69-79.

—, *Egyptian Women of the Old Kingdom and of the Heracleopolitan Period,* The Metropolitan Museum of Art, New York, 1989.

FLAMARION E., *Cléopâtre. Vie et mort d'un pharaon,* Paris, 1993.

GABOLDE M., *Akhénaton, du mystère à la lumière,* Paris, 2005.

GALVIN M., *The Priestesses of Hathor in the Old Kingdom and the 1st Intermediate Period,* Brandeis University Ph.D. 1981, University Microfilms International Order n° 8126877.

GAUTHIER-LAURENT M., « Les scènes de coiffure féminine dans l'ancienne Égypte », *Mélanges Maspero* II, 1935-38, p. 673 *sq.*

GITTON M., *L'Épouse du dieu Ahmes-Néfertary,* Besançon, 1975.

—, *Les Divines Épouses de la XVIIIᵉ dynastie,* Besançon, 1984.

—, « Le rôle des femmes dans le clergé d'Amon à la XVIIIᵉ dynastie », *BSFE* 75, 1976, pp. 31-46.

GITTON M., LECLANT J., « Gottesgemahlin », *LdÄ* II, 792-812.

GOYON J.-C., « Isis-Scorpion et Isis au Scorpion », *BIFAO* 78, 1978, pp. 439-458.

GRAEFE E., *Untersuchungen zur Verwaltung und Geschichte der Institution der Gottesgemahlin des Amun von Beginn des Neuen Reiches bis zur Spätzeit,* Wiesbaden, 1981.

HABACHI L., « La reine Touy, femme de Séthi Iᵉʳ, et ses proches parents inconnus », *RdE* 21, 1969, pp. 27-47.

HARARI I., « La capacité juridique de la femme au Nouvel Empire », *Revue internationale des droits de l'Antiquité,* Bruxelles, 30 (1983), pp. 41-54.

« Hatchepsout, femme-Pharaon », *Les Dossiers d'Archéologie,* Dijon, 1993.

HELCK, W., « Beischläferin », LdÄ I, 684-6.

—, « Scheidung », LdÄ V, 559-560.

JÁNOSI P., « The Queens of the Old Kingdom and their Tombs », BACE 3, 1992, pp. 51-57.

JÉQUIER G., « Les femmes de Pépi II », in Studies presented to F.LL. Griffith, 1932, pp. 9-12.

JUNGE F., « Isis und die ägyptischen Mysterien », in Aspekte der spätägyptischen Religion, 1979, pp. 93-115.

KANAWATI N., « Polygamy in the Old Kingdom of Egypt », SAK 4, 1976, pp. 149-160.

KMT, volume 5/4, 1994-1995, Goddesses and Women.

KUCHMAN L., « The Titles of Queenship », Newsletter SSEA 7, n° 3, 1977, p. 9-12 ; 9, 1978-9, pp. 21-25.

LEBLANC C., Ta Set Néferou. Une nécropole de Thèbes-Ouest et son histoire, Le Caire, 1989.

—, Néfertari, « l'Aimée de Mout », Monaco, 1999.

—, Reines du Nil, Paris, 2009.

LECLANT J., « Gottesgemahlin », LdÄ II, 792-815.

—, « Tefnout et les divines adoratrices thébaines », MDIAK XV, 1966, pp. 166-171.

LE CORSU F., Isis, mythe et mystères, Paris, 1977.

LEHNER M., « The Pyramid Tomb of Hetep-Heres and the satellite pyramid of Khufu », SDAIK 19, Mayence, 1985.

LESKO B., The Remarkable Women of Ancient Egypt, Providence, 1987.

—, ed., Women's Earliest Records from Ancient Egypt and Western Asia, Atlanta, 1989.

LÜDDECKENS E., « Eheurkunde », LdÄ I, 1181-3.

MACRAMALLAH B., Le Mastaba d'Idout, Le Caire, 1935.

MALAISE M., « La position des femmes sur les stèles du Moyen Empire », SAK 5, 1977, pp. 183-198.

MANNICHE L., Sexual Life in Ancient Egypt, Londres, 1987.

MARUÉJOL F., « La nourrice : un thème iconographique », ASAE 49, 1983, pp. 311-319.

MONTET P., « Reines et pyramides », Kêmi XIV, 1957, pp. 92-101.

MORENZ S., Die Stellung der Frau im Alten Ägypten, 1967.

MÜLLER D., « Gottesharim », LdÄ II, 815.

MÜNSTER M., Untersuchungen zur Göttin Isis vom Alten Reich bis zum Ende des Neuen Reiches, Munich, 1968.

MYSLIWIEC K., « La mère, la femme, la fille et la variante féminine du dieu Atoum », Études et Travaux 13, Varsovie, 1983, p, 297-304.

NAGUIB S.-A., Le Clergé féminin d'Amon thébain, Louvain, 1990.

—, « "Fille du dieu", "épouse du dieu", "mère du dieu" ou la métaphore féminine », in *The Intellectual Heritage of Egypt. Studies Kákosy*, Budapest, 1992, pp. 437-447.

Nofret. Die Schöne, Die Frau im Alten Ägypten, Hildesheim, 1985.

PESTMAN P., *Marriage and Matrimonial Property in Ancient Egypt*, Leyde, 1961.

PIRENNE J., « Le statut de la femme dans l'ancienne Égypte », in *Recueils de la Société Jean-Bodin, XI : La femme*, Bruxelles, 1959, pp. 63-77.

POMEROY S.B., *Women in Hellenistic Egypt from Alexander to Cleopatra*, New York, 1984.

QUAGEBEUR J., « Reines ptolémaïques et traditions égyptienne », in *Das ptolemaische Ägypten*, 1978, pp. 245-262.

RATIE S., *La Reine Hatchepsout. Sources et problèmes*, Leyde, 1979.

REISER E., *Der königliche Harim im alten Ägypten und seine Verwaltung*, Vienne, 1972.

REISNER G.A., *A History of the Giza Necropolis*, vol. II, publication revue et complétée par W. Stevenson Smith. *The Tomb of Hetep-Heres, the Mother of Cheops*, Cambridge (Massachusetts), 1955.

REVILLOUT E., *La Femme dans l'Antiquité égyptienne (l'Ancienne Égypte d'après les papyrus et les monuments*, tome II), 1909.

SAMSON J., *Nefertiti and Cleopatra. Queen-Monarchs of Ancient Egypt*, Londres, 1985.

SANDER-HANSEN C.E., *Das Gottesweib des Amun*, Copenhague, 1940.

SCHMIDT H.C., WILLEITNER J., *Nefertari, Gemahlin Ramses II*, Mayence, 1994.

SCHOTT S., *Les Chants d'amour de l'Égypte ancienne*, Paris, 1955.

SCHULMAN A.R., « Diplomatic Marriage in the Egyptian New Kingdom », *Journal of Near Eastern Studies* 38, 1979, pp. 177-193.

SCHULZE P.H., *Frauen im Alten Ägypten. Selbständigkeit und Gleichberechtigung im häuslichen und öffentlichen Leben*, Bergisch Galdbach, 1987.

SEIPEL W., « Harim, Harimsdäme », *LdÄ* II, 982-987.

—, « Hatschepsut I », *LdÄ* II, 1045-1051.

—, « Königin », *LdÄ* III, 464-468.

—, « Königsmutter », *LdÄ* III, 538-540.

—, *Untersuchungen zu den ägyptischen Königinnen der Frühzeit und des Alten Reiches*, Hambourg, 1980.

SIMPSON W.K., « Polygamy in Egypt in the Middle Kingdom ? », *JEA* 60, 1974, pp. 100-105.

STEFANOVIC D., *Dossiers of Ancient Egyptian Women. The Middle Kingdom and Second Intermediate Period*, Londres, 2016.

TALLET P., *Douze reines d'Égypte qui ont changé l'Histoire*, Paris, 2013.

TANNER R., « Untersuchungen zur Rechstellung der Frau in pharao-nischen Ägypten », *Klio* 45, 1966 et 46, 1967.

—, « Untersuchungen zur Ehe- und erbrechtlichen Stellung der Frau in pharaonischen Ägypten », *Klio* 49, 1967, pp. 5-37.

TEFNIN R., *La Statuaire d'Hatshepsout, portrait royal et politique sous la XVIIIᵉ dynastie,* Bruxelles, 1979.

THAUSING G., GOEDICKE H., *Nofretari. A Documentation of the Tomb and its Decoration,* Graz, 1971.

THEODORIDES A., « Frau », *LdÄ* II, 280-295.

TROY L., *Patterns of Queenship in Ancient Egyptian Myth and History*, Uppsala, 1986.

TYLDESLEY J., *Daughters of Isis, Women of Ancient Egypt*, Harmondsworth, 1994.

VANDERSLEYEN C., « Les deux Ahhotep », *SAK* 8, 1980, pp. 237-241.

VERCOUTTER J., La Femme en Égypte ancienne, in : *Histoire mondiale de la femme* I, 1965, pp. 61-152.

VERNER M., « Die Königsmutter Chentkaus von Abusir und einige Bemerkungen zur Geschichte der 5. Dynastie », *SAK* 8 (1980), pp. 243-268.

WARD W.A., *Essays on Feminine Titles of the Middle Kingdom and related Subjects,* Beyrouth, 1986.

WATTERSON B., *Women in Ancient Egypt*, New York, 1991.

WENIG S., *La Femme dans l'ancienne Égypte*, Paris-Genève, 1967.

WERBROUCK M., *Les Pleureuses dans l'ancienne Égypte*, 1938.

WILDUNG D., « Nouveaux aspects de la femme en Égypte pharaonique », *BSFE* 102, 1985, pp. 9-25.

—, « Métamorphoses d'une reine. La tête berlinoise de la reine Tiyi », *BSFE* 125, 1992, pp. 15-28.

WILKINSON R.H., *Tausert. Forgotten Queen and Pharaoh of Egypt*, Oxford, 2012.

—, *The Temple of Tausret*, University of Arizona Egyptian Expedition, 2013.

YOYOTTE J., « Les vierges consacrées d'Amon thébain », *Compte rendus de l'Académie des inscriptions et belles lettres*, 1961, pp. 43-52.

—, « Les Adoratrices de la Troisième Période intermédiaire », *BSFE* 64, 1972, pp. 31-52.

ŽABKAR L.V., *Hymns to Isis in Her Temple at Philæ,* Hanovre-Londres, 1988.

ZIEGLER C., « Notes sur la reine Tiyi », in *Hommages à Jean Leclant* I, 1994, pp. 531-548.

—, *Reines d'Égypte. D'Hétéphérès à Cléopâtre*, Monaco-Paris, 2008.

ZIVIE C.M., « Nitokris », *LdÄ* IV, 513-4.

图书在版编目（CIP）数据

古埃及女性：从生命女神伊西斯到末代女法老／
（法）克里斯蒂安·雅克（Christian Jacq）著；孔令艳，
潘宁译．--北京：社会科学文献出版社，2020.1（2023.2重印）
（思想会）
ISBN 978-7-5201-5618-9

Ⅰ.①古⋯ Ⅱ.①克⋯ ②孔⋯ ③潘⋯ Ⅲ.①妇女-
人物研究-埃及-古代 Ⅳ.①K834.118.5

中国版本图书馆 CIP 数据核字（2019）第 218961 号

·思想会·

古埃及女性：从生命女神伊西斯到末代女法老

著　　者／〔法〕克里斯蒂安·雅克（Christian Jacq）
译　　者／孔令艳　潘　宁
审　　校／蔡　佳

出 版 人／王利民
组稿编辑／祝得彬
责任编辑／吕　剑
文稿编辑／张　雨
责任印制／王京美

出　　版／社会科学文献出版社·当代世界出版分社（010）59367004
　　　　　地址：北京市北三环中路甲 29 号院华龙大厦　邮编：100029
　　　　　网址：www.ssap.com.cn
发　　行／社会科学文献出版社（010）59367028
印　　装／三河市东方印刷有限公司

规　　格／开本：889mm×1194mm　1/32
　　　　　印　张：7.75　插　页：0.375　字　数：168 千字
版　　次／2020 年 1 月第 1 版　2023 年 2 月第 2 次印刷
书　　号／ISBN 978-7-5201-5618-9
著作权合同
登 记 号／图字 01-2019-6659 号
定　　价／68.00 元

读者服务电话：4008918866